한국의 직장인은 글쓰기가 두렵다

한국의 직장인은 글쓰기가 두렵다

2005년 7월 15일 초판 1쇄 발행
2005년 7월 25일 초판 2쇄 발행
2005년 11월 10일 초판 3쇄 발행
2007년 3월 25일 초판 4쇄 발행
2010년 6월 25일 초판 5쇄 발행
2014년 2월 25일 초판 6쇄 발행
2018년 2월 27일 초판 7쇄 발행

지 은 이 임 재 춘
펴 낸 이 이 찬 규
펴 낸 곳 북코리아
등록번호 제03-01240호
주   소 경기도 성남시 중원구 사기막골로
          45번길 14 A동 1007호
전   화 (02) 704-7840
팩   스 (02) 704-7848
이 메 일 ibookorea@naver.com
홈페이지 www.북코리아.kr

값 9,000원

ISBN 89-89316-59-6 03300
ISBN 978-89-89316-59-6 03300

본서의 무단복제를 금하며, 잘못된 책은 바꾸어 드립니다.

한국의 직장인은 글쓰기가 두렵다

임재춘 지음

북코리아

서문 ■ 한국의 직장인은 글쓰기가 두렵다

직장인은 글쓰기를 두려워한다. 글쓰기가 본래 어려운데다 학교에서 제대로 글쓰기를 배우지 못한 것이 그 원인이다. 글쓰기에 관한 한 우리는 초·중·고·대학의 16년간 허송세월을 한 것이다. 직장인이 되어 배우고 싶어도 마땅히 배울 만한 교재도 없다. 요행히 그러한 교재를 찾아냈다 하더라도 배우는 데 시간이 많이 걸린다.

나는 2000년 3월에 『한국의 이공계는 글쓰기가 두렵다』라는 책을 냈다. 반응이 무척 좋아 여러 회사, 연구소, 대학으로부터 초청을 받아 강의를 하고 있다. 다녀 보니 글쓰기는 이공계에 한정된 문제가 아니었다. 인문계를 전공한 직장인도 어려움을 겪기는 마찬가지였다. 이러한 문제에 해답을 주기 위해 이 책을 썼다.

이 책을 내게 된 또 다른 동기는 앞의 책이 미처 다루지 못한 부분이 있었기 때문이다. 앞의 책은 **기술글쓰기**(technical writing)**기법** 즉, 효과적인 의사소통을 위하여 **읽는 사람 위주의 글쓰기, 알기 쉬운 글쓰기, 간결한 글쓰기**를 다루었으나 글의 구조와 논리는 거의 언급하지 못했다.

글의 구조와 논리는 직장에서 중요하다. 글을 간단히 정의하면 '무엇을, 어떻게' 적는가 하는 것이다. 학교에서는 '무엇을' 적는가 하는 것에 중점을 두기에 독창적이고 재미있는 소재를 찾아 '글짓기'를 하지만 직장에서는 업무 자체가 '무엇'에 해당하기에 '어떻게' 쓰는가 하는 것이 중요하다. '어떻게'는 곧 구조와 논리의 문제이다.

글의 구조와 논리는 직장에서 사안에 따라 관련서식으로 이미 개발되어 있고, 또 선임자들이 써 놓은 것이 많다. 이것들을 참고하면 된다. 그러나 선임자가 해 놓은 것을 보면 간단한 업무는 내용 파악에 지장이 없지만 복잡한 업무는 읽어볼 엄두가 나지 않는다. 후배인 자기가 보아도 무슨 이야기인지 모르겠는데, 다른 부서가 이해하기에는 어려움이 많다. 이를 개선하고 싶어도 방법을 모른다.

선임자의 전례가 없는 경우도 많다. 머릿속에 생각은 무수히 돌고 있는데, 이것이 글이 되어 나오지 않는다. 무엇부터 써야 하는지 막막하다. 그럭저럭 써서 상사에게 가져가면 상사가 새빨갛게 고친다. 이를 더 높은 상사에게 가져가면 또 고친다. 그런데 이번에 고친 것은 처음에 자기가 쓴 쪽에 더 가깝다. 이렇게 되면 어느 쪽이 맞는지 알 수 없다. 결국은 최고결재권자의 취향이 해답이다. 이런 과정에서 시간이 마냥 축난다. 마음도 상하고 몸도 상한다. 직장마다 이런 일이 수없이 일어나고 있다. 직장인 글쓰기의 전형(典型, 틀, model)이 없기 때문이다.

직장에서 의사전달을 '정확하고, 쉽고, 간편하게' 할 수 있도록 하나로 통일된 글의 구조와 논리가 있으면 이보다 반가운 일이 있겠는가. 나는 이것을 찾아나섰다. 없으면 나라도 만들어 보리라 생각했다. 그런데 다행히 이것을 쉽게 찾아낼 수 있었다. 미국에서 선풍적인 인기를 얻고 있는 'The Power Writing(힘글쓰기)'이다.

힘글쓰기는 간단하다. 글의 구조를 '주제/주장 — 근거(설명/이유) — 증명(자료/의견/사실/사례) — 주제/주장'으로 배열하는 것이다. 먼저 주제나 주장을 제시하고, 이를 뒷받침하는 근거로 설명을 하거나 이유를 댄다. 그 다음은 이를 더욱 구체화하여 증명을 하는 데 연구(또는 조사)자료나 전문가 의견을 제시하기도 하고, 사실(또는 물적 증거)을 대거나 예를 든다. 마지막에 다시 주제나 주장을 강조하는 것이다. 이 각각의 구조에 1-2-3-4의 숫자를 부여한다. 여기에 숫자 0을 보탠다. 0은 글에서는 나타나지 않지만 글을 읽는 사람이 누군지, 이 글을 어떤 논리로 전개할 것인지를 결정하는 준비과정이다. 이 숫자 0을 엄지손가락에 붙이고 숫자 1-2-3-4를 나머지 손가락에 붙인다. 그러고는 어떤 글을 쓰더라도 그저 손가락 다섯을 펴서 하이, 파이브!(Hi, Five!)를 외치고 손가락 하나하나에 대응하는 준비(0) – 주제/주장(1) – 근거(2) – 증명(3) – 주제/주장 강조(4)를 순서대로 담는다.

이러한 힘글쓰기는 효력도 강력하다. 설득력을 높이도록 정보를 배열하기 때문이다. 따라서 직장에서는 반드시 힘글쓰기를 알아야 살아남는다. 재판에서 변호사가 쓰는 문장도 힘글쓰기이다. 피고가 배심원들에게 자신의 무죄를 주장하는 논리와 구조도 힘글쓰기 방식이다. 따라서 피고가 재판에서 살아남는 기법이어서 '생존의 글쓰기(The Survival Writing)'라고도 한다.

미국의 글쓰기 교육은 '효과적인 의사전달'이라는 뚜렷한 목표가 있다. 실용성에 바탕을 둔 이 목표에 잘 부합하는 것이 힘글쓰기이다. 따라서 미국은 유치원부터 시작해서 대학을 마칠 때까지 일관성을 가지고 힘글쓰기를 배우고 있다.

힘글쓰기가 '효과적인 의사전달'이라는 실용적인 목표를 추구하다 보니 힘글쓰기가 신문기사 작성을 점점 닮아가고 있다. 신문이 이미 그러한 영역을 개척했기 때문이다. 그 결과 미국의 고등학교는 500개 이상이 'Newspapers in Education(NIE: 신문활용교육)'을 채택하고 있다. 이러한 경향은 초등학교까지 확대되고 있다.

이 책은 직장인의 글쓰기 문제를 해결하기 위하여 시작은 되었으나 써 놓고 보니 그 이상이다. 직장이나 학교에서 글이나 말을 통한 의사전달에는 효과적이고도 강력한 힘을 발휘하는 책이 되었다.

    직장에서 쓰는 기획서, 보고서, 제안서
    신문의 기고문, 수필
    학교에서 쓰는 논술(에세이)
    발표
    면접

특히 미국 유학을 준비 중인 학생은 이 책 한 권으로 에세이(Essay) 쓰기의 공포에서 탈출할 수 있다. 한국 학생의 고질적인 약점인 '주제가 없는 글', '논리가 약한 글'을 해결할 수 있다. 유학생이 컴퓨터 앞에 앉으면 주어진 틀에 자신의 생각을 쉽게 담을 수 있다.

2005년 6월

임 재 춘

차례 ■ 한국의 직장인은 글쓰기가 두렵다

■ 서문 —— 5

[첫째장] **힘글쓰기**

01 **힘글쓰기 기법** —— 15
    단계 1_ 단어차원의 힘 기르기 —— 18
    단계 2_ 문장차원의 힘 기르기 —— 20
    단계 3_ 문단차원의 힘 기르기 —— 30
    5문단 에세이(기본 에세이) 쓰기 —— 35

02 **힘글쓰기 과정** —— 39
    힘글쓰기 과정 1_ 글쓰기 준비 —— 39
    힘글쓰기 과정 2_ 글의 구조 —— 41
    힘글쓰기 과정 3_ 글쓰기 —— 51
    힘글쓰기 과정 4_ 글 고치기 —— 52
    힘글쓰기 과정 5_ 다시 쓰기(편집하기) —— 53

[둘째장] **힘글쓰기 실전**

01 **좋은글 나쁜글 보기** —— 57

　좋은 글 나쁜 글 보기1_ 발췌문 —— 57
　　이시형 박사의 좋은 수필 —— 58
　　국어 교과서에 나와 있는 나쁜 문단 —— 61
　좋은 글 나쁜 글 보기2_ 기고 —— 65
　　4문단 형식의 힘글-잘 쓴 글 —— 66
　　4문단 형식의 힘글-못 쓴 글 —— 72
　　4문단 형식의 힘글-잘 쓴 글 하나 더 —— 77
　　5문단 형식의 힘글 —— 80
　　5문단 형식의 힘글-하나 더 —— 88

02 **의사전달에 효과적인 쓰기, 발표** —— 93

　적용하기1_ 제안서, 보고서, 기획서 —— 93
　'Inspiration': 힘글쓰기 도구 —— 96
　적용하기2_ 발표 —— 102
　적용하기3_ 답변, 면접 —— 103
　적용하기4_ 컨설팅 —— 107
　적용하기5_ 논술 —— 108
　적용하기6_ 독후감 —— 112

[셋째장] 힘글쓰기 이론의 배경

01 인지심리학 —— 120

02 힘글쓰기의 원리 —— 124
    원리 1_ 시각화한다 —— 125
    원리 2_ 전체에서 부분으로 전개한다 —— 125
    원리 3_ 덩이를 만든다 —— 126
    원리 4_ 상대 위주로 정보를 객관화한다 —— 126
    원리 5_ 공학적으로 접근한다 —— 127

03 글쓰기, 전투 그리고 개조식 —— 128
    가장 좋은 방법_ 그림이나 약도 —— 130
    그 다음 좋은 방법_ 개조식 설명 —— 130
    어쩔 수 없을 때 하는 방법_ 서술식 설명 —— 137

04 과정을 중시하는 글쓰기 —— 139

05 글의 논리 —— 144

[넷째장] 문장공학

01 우리글의 기본문형 —— 155

02 왜 문장공학인가 —— 160

03 문장공학은 사무적인 글에 필수 —— 162

04 '쉬운한글법'의 제정 —— 166

한 국 의 직 장 인 은 글 쓰 기 가 두 렵 다

[첫째장]

힘글쓰기
POWER WRITING

- ▶ 힘글쓰기 기법
- ▶ 힘글쓰기 과정

Hi, Five!

01 힘글쓰기 기법

남캘리포니아(Southern California)대학의 스파크스(J. E. Sparks) 박사는 아리스토텔레스부터 현대작가에 이르기까지 위대한 고전을 총망라한 브리태니커사의 '*Great Books*' 시리즈[1]에서 소설체 작가를 제외한 나머지 모든 작가의 글쓰기 방식을 조사해 보았다. 이로써 얻은 결론이 위대한 고전들은 'main idea'를 먼저 제시하고 이를 'details'로 뒷받침한다는 것이다. 이 관찰로부터 스파크스 박사는 이들 문장에 숫자를 부여하는 'The Power Writing(힘글쓰기)'[2] 원리를 고안하여 1982년에 그의 저서 '*Write for Power*'에서 소개하였다.

---

1 우리나라에서는 번역되지 않은 총 60권의 영어판.
2 외국어는 소개될 때 우리말이 함께 제시되는 것이 바람직하다. '힘글쓰기'로 이름지었다. 힘글쓰기로 쓰인 글을 '힘글'이라고 부르기로 한다.

힘글쓰기는 문장에 숫자를 부여하는 것으로 시작한다. 숫자는 추상적인 개념에서 구체적인 개념으로 구체성을 심화해 나가는 것을 뜻한다. 숫자가 클수록 상세한 문장이 된다. 숫자가 올라갈수록 설득하는 힘(power)이 높아진다.

Power 1 = main idea or focus
Power 2 = major detail, supporting
Power 3 = minor detail, elaboration
Power 4 = main idea or focus

힘글쓰기를 우리식으로 해석해 두는 것이 개념을 쉽게 이해하는 데 도움이 된다. 힘글쓰기는 글의 순서를 다음과 같이 배열한다.

힘 1 = 주제/주장
힘 2 = 근거 (주로 방법/이유)
힘 3 = 증명 (주로 자료/의견/사실/사례)
힘 4 = 주제/주장

회원수 9만여 명인 미국영어교사협의회(National Council of Teachers of English)는 이 원칙을 학교에서 단어, 문장, 문단에 일관되게 적용하여 교육한다. 학년이 올라갈수록 수준만 바꾼다. 그러니 직장에서도 글쓰기에는 당연히 이 원칙이 적용된다.

힘글쓰기는 총론은 통일되어 있지만 각론은 제각각이다. 즉, 교육현장에서는 간단한 힘글쓰기 원칙 아래 세부적인 것은 다양한 형태로 나타나게 된다. 이렇게 된 이유는 다음과 같다. 첫째, 미국은 각 주(州)마다 교육자치가 이루어져 주마다 특성 있는 글쓰기가 이루어지고 있기 때문이다. 둘째, 교사의 개성과 창의력이 글쓰기 교육에서 최대한 발휘되기 때문이다. 셋째, 힘글쓰기의 구체적 방법은 지도교사의 수많은 시행착오를 거쳐 정착되었기 때문이다. 이를 일일이 소개하는 것은 의미가 없기에 필자는 이러한 다양성을 통합·해석해서 가장 효율적인 힘글쓰기 기법[3]으로 재구성하였다.

---

3   미국은 교사마다 이렇게 한다. 따라서 여기에 제시되는 내용은 임재춘의 힘글쓰기로 볼 수 있다.

힘글쓰기 단계 - ❶
단어차원의 힘 기르기······ Word Power

유치원에서는 교사가 주제를 제시하면서 이를 번호 1에 적으면 학생은 2에 주제를 뒷받침하는 단어를 적는다.

1 동물
2 개   2 고양이   2 토끼

1 내가 고양이를 좋아하는 세 가지 이유
2 귀여움   2 잘 놀아줌   2 말썽을 안 피움

이 훈련을 통하여 유치원 학생은 주제와 이를 뒷받침하는 단어들이 수직적인 주종관계이고, 주제를 뒷받침하는 단어들은 서로 수평적으로 대등한 관계를 가지는 개념을 파악한다.

초등학교에 들어가면 학생이 책을 읽고 단어를 찾는 연습을 한다. 교사가 마야문명의 멸망에 대한 책을 주면서 '마야인이 스페인사람을 두려워한 이유 세 가지'를 찾아내는 숙제를 준다. '마야인이 스페인사람을 두려워한 이유 세 가지'가 바로 주제이다. 즉, 1이 되는 것이다. 다음 날 학생들에게 이 주제를 뒷받침하는 단어를 나열해 보게 한다.

1 마야인이 스페인사람을 두려워한 세 가지 이유
2 무기   2 대포   2 갑옷   2 말   2 천연두

1차적인 답이 나오면 교사는 이 답이 '맞는지'를 먼저 확인한다. 천연두는 마야인의 인구를 급격히 감소시킨 주된 원인은 될 수 있어도 질문에 대한 적절한 답이 아니기에 제외시킨다. 다음은 이 답이 '균형을 이루는지'를 확인한다. 이때 균형은 '중복과 누락'[4]이 없도록 하는 것이다. '대포'와 '갑옷'은 '무기'에 포함시킬 수 있기에 중복되며, 중요한 '흰 피부'가 누락되었음을 지적한다. 따라서 무기, 말, 흰 피부로 균형을 잡아준다.

다음 단계는 교사가 책을 선정해 주고 학생이 이를 읽은 후 주제를 정하여 글을 써 오게 한다. 이는 매우 중요한 의미가 있다. 미국은 우리처럼 참고서가 없다. 학원도 없다. 우리 교과서는 압축된 내용만을 담았기에 이를 해석하기 위해서는 참고서와 학원이 필요하다. 그러나 미국은 교과서 자체가 소설책처럼 두툼하다. 이를 읽어야 공부를 할 수 있기에 읽기는 영어과목에 한정된 수업형태가 아니다. 사회나 자연과목에서도 읽기를 앞세우는 수업은 필수적이다. 학생은 자기가 읽고 이해한 내용을 '쓰기'라는 과정을 통하여 정보를 자기 지식으로 만드는 훈련을 한다.[5]

---

[4] 이런 전문용어는 맥킨지와 같은 용역회사가 MECE(Mutually Exclusive and Collectively Exhaustive)라는 용어로 표현하지만 기본적인 개념은 균형을 이루게 하는 것(balanced)과 같다. MECE는 이 책의 셋째장 '힘글쓰기 이론의 배경'에서 자세히 설명된다.

[5] 정보시대에 수많은 정보 가운데 이를 선별하여 자신의 지식으로 삼는 것은 미래의 경쟁력을

학생은 책을 읽고 이를 바탕으로 주제를 스스로 하나 정한다. 힘1이다. 다음은 이 주제를 가장 잘 뒷받침할 수 있는 사항 3개를 찾아낸다. 힘2이다. 답을 찾아내는 과정에서 주제와 관련성이 적은 것은 빼고, 또 중요한 것이 빠지지 않고 전체적으로 균형을 갖추도록 한다.[6]

힘글쓰기 단계 – ❷
문장차원의 힘 기르기 ······ Powergraph

단어 대신 문장 몇 개로 하나의 문단을 만드는 훈련이다. 단어 하나를 문장 하나로 확대하고 이를 묶어 문단 하나를 만드는 것이다. 이를 'powergraph(힘문단)'이라고 한다. 가장 전형적인 힘문단은 1-2-3-4 형식이다. 이 형식에는 두 가지가 있다. 하나는 'how(어떻게)'를 뒷받침하기 위한 '주제 – 근거(설명) – 증명(자료/의견) – 주제'의 형식이

확보하는 중요한 요소이다. 우리가 지금 알고 있는 지식은 점점 쓸모가 없어지고 새로운 지식이 필요한데, 이런 지식을 학교에서 배울 수 없기에 스스로 익혀야 한다. 미국의 글쓰기에는 이러한 실용적인 목적이 있다. 한편 우리나라의 글쓰기는 창조적인 생각을 글로 나타내는 국어공부의 일환이기에 '글짓기'이다. 문학적인 글쓰기이다.
6 미국의 교육은 상향식(bottom up)이다. 학생이 기본과 배경을 이해하고 결론을 스스로 유도해 내도록 선생님이 도와 준다. 이에 반해 우리는 결론부터 나와 있는 교과서를 보고 그 배경과 원리를 참고서를 통해 배운다. 하향식(top down)이다. 두 나라가 반대이다. 직장에서 글을 쓰는 순서도 그렇다. 우리는 직장에서 글을 배경과 필요성부터 시작한다. 미국은 결론부터 쓴다. 재미있는 현상이다.

다. 다른 하나는 'why(왜)'를 뒷받침하기 위한 '주장 – 근거(이유) – 증명(사실/사례) – 주장'의 형식이다.

'어떻게' 형식 (주제–설명–자료/의견–주제)

코알라는 나무 위에서 사는 진기한 동물이다.(1) 코알라가 어떻게 나무 위에서 사는가 하면 코알라는 배주머니를 등에, 그것도 거꾸로 매달고 있으며……(2) 연구 자료(또는, 전문가 의견)에 따르면 새끼는 어미의 배설물을 먹이로……(3) 코알라는 호주를 상징하는 동물이다.(4)

'왜' 형식 (주장–이유–사실/사례–주장)

캥거루는 초원에서 사는 진기한 동물이다.(1) 캥거루가 왜 진기하냐 하면 아주 작은 새끼를 낳아 배주머니에서 양육……(2) 사실 갓 태어난 새끼는 50g 밖에 나가지 않으며……(또는, 예를 들면 금방 나온 새끼는 골프공 정도로……).(3) 캥거루는 호주를 상징하는 동물이다.(4)

1-2-3-4 유형은 힘문단의 기본형식이라 교사가 매우 중요시한다. 이 개념을 재미있고 확실하게 가르치기 위해 하이, 파이브(Hi, Five!)를 적용한다. 이것은 왼손을 펴고 손가락에 번호를 붙이는 것이다. 엄지손가락이 힘 0이다. 힘 0은 어떤 글이든지 글을 쓸 때에는 글을 읽을 상대를 '영(0)'순위로 고려하라는 것이다. 즉,

목적이 무엇인가?
상대가 누군가?
상대가 가진 배경 지식은?
'어떻게' 형식인가?
'왜' 형식인가?

이런 사항을 먼저 생각해서 읽는 사람에게 가장 효율적인 설명 방법을 '기획'하는 단계이다. 숫자 0을 붙인 또 다른 이유는 글로써는 나타내지 않기 때문이다.

'어떻게' 형식은 주로 주제를 뒷받침할 때 많이 쓴다. 따라서 직장에서 쓰는 보고서, 기획서, 설명서와 논문 등에 활용된다. 한편 '왜' 형식은 주로 주장을 뒷받침하기에 제안서, 컨설팅 보고서, 면접, 발표 등에 적용된다. 이 두 가지가 모두 적용되는 것으로는 신문의 기고문, 학생의 논술(에세이)이 있다.

'왜' 형식이 발표(presentation)기법 중의 하나인 PREP[7]법과 정확히 일치하는 점에 유의하자. Point(주장) - Reason(이유) - Example(예) - Point(주장)의 순서이다. 그래서 미국 학생은 주장이나 설득을 할 때 왼손을 펴서 손가락을 하나하나씩 집어 가며 강력한 설득력을 발휘한다.

---

7 처칠이 애용한 것으로 알려졌으며, 자세한 내용은 셋째장 102쪽에 있다.

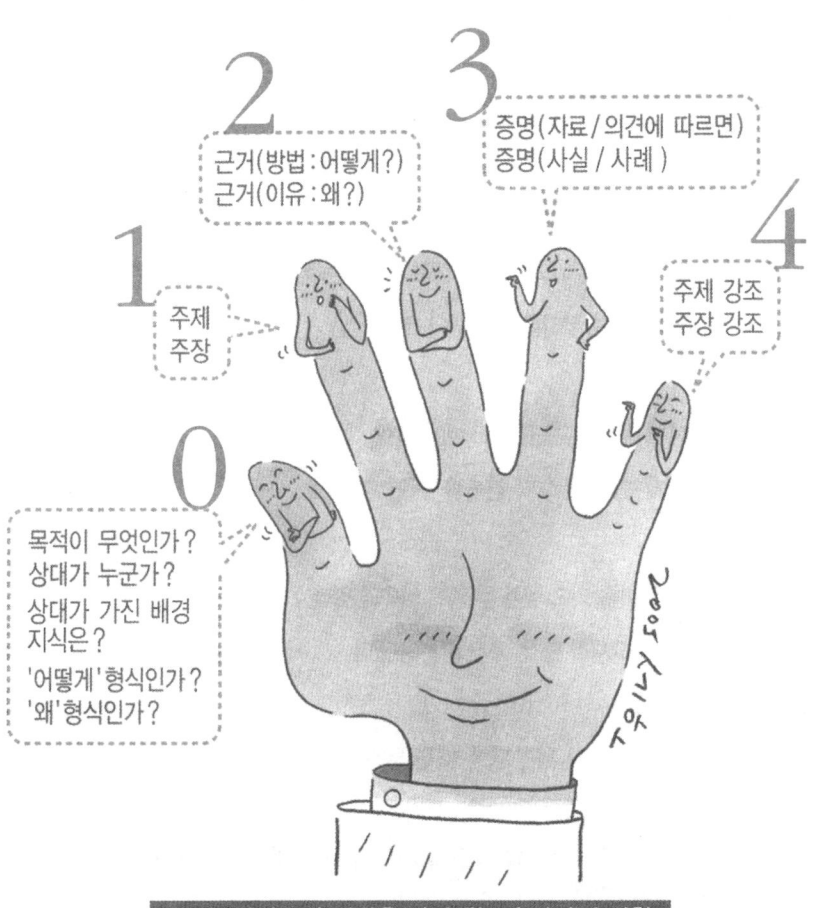

하이, 파이브의 위력을 나타내는 손가락의 역할

1-2-3-4는 전형적인 힘문단 형식이다. 이를 바탕으로 선생은 학생의 수준에 맞추어 다양한 형식으로 힘글쓰기를 가르친다.

1-2-3-2-3 형식

호주에는 두 종류의 진기한 동물이 살고 있다.(1) 코알라는 나무 위에서 산다.(2) 이 동물은 거의 땅으로 내려오지 않는다.(3) 캥거루는 초원에서 산다.(2) 캥거루는 무리를 지어 산다.(3)

이런 간단한 문단은 초등학교 저학년에 적용한다. 교사는 다양한 예문을 학생에게 주어 글쓰기 연습을 시킨다.

내게는 휴가를 가고 싶은 두 가지 이유가 있다.
내게는 꼭 고쳐야 할 두 가지 버릇이 있다.

1-2-3-2-3 형식의 힘문단에 대한 글쓰기 연습이 충분히 이루어지면 글쓰기는 조금 더 복잡해진다. 힘 4를 동원하여 문장 4개로 한 문단을 만든다. 힘 4는 힘 1에서 언급한 주제나 주장을 다시 한번 강조하는 것이다. 이때 주의할 점은 단순반복이 아니고 다른 표현으로 바꾸어 강조효과를 주는 것이다. 1-2-2-4 형식과 1-2-3-4 형식의 힘문단이 있다.

1-2-2-4 형식 (병렬형)

나는 두 가지 이유로 고양이를 좋아한다.(1) 첫 번째는 고양이는 털이 부드럽고 사랑스럽다.(2) 두 번째는 고양이는 나와 잘 놀아 준다.(2) 이 두 가지가 무엇보다 내가 고양이를 좋아하는 이유이다.(4)

1-2-3-4 형식 (직렬형)

나는 고양이를 매우 좋아한다.(1) 내가 심심할 때면 나와 재미있게 놀아 준다.(2) 고양이는 공이나 깃털, 끈에 달린 것은 무엇이나 쫓기 좋아한다.(3) 아무리 보아도 고양이는 이상적인 애완동물이다.(4)

힘 4가 힘 1을 반복하지 않고 힘 3을 구체적으로 심화하는 방법도 있다. 힘 5는 힘 4를, 힘 6은 힘 5를…… 이런 식으로 확장해 나가는 방식이다. 직렬을 계속 확장하는 직렬확장형이다.

1-2-3-4-5-6 형식 (직렬확장형)

나는 고양이를 매우 좋아한다.(1) 내가 심심할 때면 나와 재미있게 놀아 준다.(2) 고양이는 공이나 깃털, 끈에 달린 것은 무엇이나 쫓기 좋아한다.(3) 특히 고무줄에 깃털을 뭉쳐서 튕겨 주면 평소에 보기 힘든 동작까지 볼 수 있다.(4) 아마도 깃털을 참새로 착각하여 사냥본능이 나오는 모

양이다.(5) 몇 번 실패하면 상황이 유리해질 때까지 기회를 노린다.(6)

직렬확장형이 있으면 병렬확장형도 있다.

1-2-2-2-2-2-4 형식 (병렬확장형)

나는 고양이를 여러 가지 이유로 매우 좋아한다.(1) 첫째, ······(2), 둘째, ······(2), 셋째, ······(2), 넷째, ······(2), 다섯째, ······(2), 따라서 고양이는 이상적인 애완동물이다.(4)

직렬과 병렬이 동시에 늘어나는 직렬-병렬확장형도 당연히 있다. 이렇게 글이 복잡해지면 글의 구조를 한눈에 파악할 수 있도록 오른쪽 그림과 같은 직렬-병렬형 구조도(Graphic Organizer)[8]가 등장한다.

직렬-병렬 구조도를 볼 때 두 가지 점에 유의해야 한다. 하나는 글이 복잡해지면 주제(1)-소주제(2)-소주제(2)에서 소주제(2)가 다시 주제(1)이 된다는 점이다(상세한 내용은 32쪽 주석 13을 참조). 다른 하나는 주제(1)를 뒷받침하는 근거(2)-증명(3)이 반드시 '방법-자료/의견'과 '이유-사실/사례'로만 되는 것은 아니다. 주로 그렇다는 것이다. 거꾸로 '방법-사실/사례'이거나 '이유-자료/의견'일 수도 있다.

증명을 하기 위한 자료는 연구자료, 조사자료 등이 있고 통계수치 같은 것도 포함한다. 의견은 주로 전문가의 의견이 많으나 속담이나 경구

---

[8] 구조도의 여러 종류는 이 책 43, 44쪽 '글의 구조도' 참고.

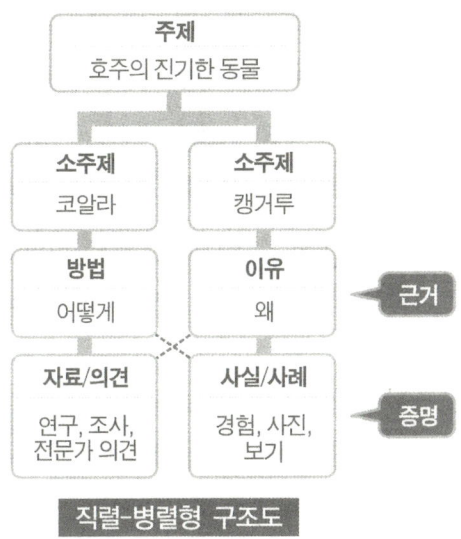

와 같은 것일 수도 있다. 한편, 사실은 역사적 사실, 실물이나 사진이 되고 사례는 현재나 과거의 경험에서 찾아낸다. 사례를 현실에서 찾을 수 없는 경우에는 비유를 사용한다. 그래서 미세과학이나 우주과학에서 비유를 많이 사용한다. 인문과학이나 종교에서 비유를 활용하는 것도 같은 이유이다.

다음 글은 그림 직렬-병렬형 구조도 를 보고 쓴 1-2(1-2-3)-2(1-2-3) 형식(직렬—병렬확장형)의 힘문단이다.

호주에는 두 가지 진기한 동물이 살고 있다.(1) 코알라는 나무 위에서 사는 진기한 동물이다.(1) 코알라가 어떻게 나무 위에서 사는가 하면 코알라는 배주머니를 등에, 그것도 거꾸로 매달고 있으며……(2) 연구자료(또는, 전문가 의견)에 따르면 새끼는 어미의 배설물을 먹이로……(3) 한편, 캥거루는 초원에서 사는 진기한 동물이다.(1) 캥거루가 왜 진기하냐 하면 아주 작은 새끼를 낳아 배주머니에서 양육……(2) 사실 갓 태어난 새끼는 50g 밖에 나가지 않으며…… (또는, 예를 들면 금방 나온 새끼는 골프공 정도로……).(3)

초등학교에서 자유자재로 힘문단 형식을 구사할 수 있게 되면 학생은 문단, 문장, 단어의 개념을 자연스럽게 이해하게 된다. 사실 이 정도만 착실히 지켜도 바른 글을 쓸 수 있다.

미국 초등학생의 글 이해

One paragraph, One topic

한 문단에는 한 소주제만을 다룬다.
문단은 소주제문과 뒷받침문장으로 이루어진다.
힘 1인 주제가 소주제문이 된다.
힘 2인 근거가 뒷받침 설명을 한다.
힘 3인 증명이 근거를 더욱 구체화한다.
힘 4인 주제가 힘 1을 다시 강조한다.

문단은 형식적으로 구분한다.
시작은 줄갈이를 하고 들여쓰기(indention)를 한다.[9]
문단 안에서 문장은 줄을 바꾸지 않는다.

소주제문은 문단의 간판이다.
한 문장으로 쓴다.
간단명료하게 쓴다.[10]

One sentence, One idea

한 문장에는 한 의미만을 담는다.
짧은 문장을 쓴다.
16단어, 최악의 경우 20단어를 넘지 않는다.
한 문장은 한 번의 숨으로 읽을 수 있는 분량이다.
문장의 마지막에 마침표를 찍는다.
한 문장에 하나의 마침표만을 찍는다.[11]

---

9 들여쓰기는 문단의 첫 부분을 띄어 두는 것을 말한다. 영어는 보통 4~6칸, 우리글은 스페이스로 2칸이고 글자 수로는 한 자이다. 요즈음은 영어와 우리글이 들여쓰기를 하지 않는 경향이 점점 많아지고 있다.

10 식당 간판은 간단한 형태로 어떤 음식을 파는지 알린다. 문단도 소주제문도 간판처럼 간단명료하라는 것이다.

11 우리나라 국어교과서에 이 원칙을 지키지 못하고 있는 곳이 있다. 한 문장에 구두점이 두 개이다. 『알짬문장술(장하늘, 문장연구사) 245쪽의 지적이다.
  ① 두려움을 안고 "에잇." 하고 힘을 내어 뛰어 올랐다
  교육인적자원부, 『초등국어(말하기, 듣기, 쓰기) 6-1』, 48쪽

One Word, One Meaning

한 단어는 한 개념만을 가진다.
문맥에 맞는 적확(的確)한 단어는 오직 하나다.

힘글쓰기 단계 – ❸
문단 차원의 힘 기르기 ······ Basic Essay

중등학교에 가면 본격적인 에세이 쓰기가 시작된다. 1-2-2-2-4 형식으로, 5개의 문장으로 이루어진 힘문단에서 문장 하나하나를 문단으로 확장하면 서론 한 문단(1′)[12] – 본론 세 문단(2′-2′-2′) – 결론 한 문단(4′)의 형태를 갖추는 것이다. 이렇게 5문단으로 이루어지는 에세이를 '5문단 에세이(5 Paragraph Essay)' 또는 '기본 에세이(Basic Essay)'라고 한다. 기본 에세이 쓰기도 손가락을 펴서 하이, 파이브! 를 외친다.

---
② 이런 사람들은 흔히 "나는 문학공부에는 소질이 없어."라고 말한다.
『중학 국어, 2-1』 53쪽
③ 첫째 마당은 무동(舞童)마당으로, 각시탈이 무동을 타고 걸립하였다(각시탈은 시종 업히거나 무동을 타고 다니며 땅을 밟지 않게 하였다.). 『고교 국어(상)』 205쪽
[12] 1은 주제 **문장**이나 1′는 주제 **문단**이다. 이와 같은 구분은 미국에서는 전혀 하지 않으나 저자는 우리나라에서 이를 새롭게 도입한다. 무척 정확하고 편리하다.

힘0_ 목적을 확인하고 주제나 주장(이하 주제)을 정한다. 읽을 사람을 분석한다. 즉, 읽을 사람이 누구인가, 주제에 대해 어느 정도 알고 있는가, 어떤 답을 원하는가를 확인한다. 글의 양, 제출기한과 같은 제약사항도 반영한다.

　이때 주의할 점은 주제의 범위를 한정하는 것이다. 자기가 자신 있게 다룰 수 있고, 구체적으로 설명해 나갈 수 있는 근거와 증명을 갖출 수 있는 것이라야 한다. 또 하나 더 주의할 점은, 주제는 필자가 전개하는 입장만을 선명하게 부각시켜야 한다. 반대 입장을 압도하기 위해서 반대 입장을 충분히 이해해야 하나 에세이는 자기가 주장하는 한 면만을 드러낸다는 것을 잊어서는 안 된다.

　이런 것이 모두 확인되면, 어떻게 글을 펼칠 것인가를 결정한다. 즉 「방법 – 자료/의견」 형태의 '어떻게' 형식인지, 「이유 – 사실/사례」 형태의 '왜' 형식인지, 아니면 혼합된 형식인지를 확인한다.

힘1_ 서론을 한 문단으로 구성한다. 문단 $1'$이 된다. 주제를 간략한 주제문(1)으로 쓴다. 주제문을 제일 앞에 두는 두괄식과 제일 뒤에 두는 미괄식이 있다. 두괄식은 누구나 주제를 아는 경우, 주로 주장일 경우에 채택한다(예: 독도는 우리 땅). 주제를 뒷받침하는 소주제 3개를 언급한다. 이 소주제 3개가 본문에서 문단 3개($2'$-$2'$-$2'$)를 구성한다.

　한편, 미괄식은 읽는 사람이 주제에 대해 생소한 경우이다(예: 유비쿼터스 진화의 한계). 주제문을 앞에 두면 읽는 사람이 배경을 모르므로 어리둥절해한다. 이를 방지하기 위하여 배경설명을 도입부에 곁들인다. 이때 주의할 점은 배경설명은 최소한으로, 꼭 필요한 것에 국한해야 하는 것이다. 대부분의 에세이가 배경 설명이 길어 낙제이다.

힘2_ 본론을 문단 2′, 2′, 2′에 담는다. 첫 번째 문단 2′에 주제를 뒷받침하는 첫 번째 소주제를 다룬다. 첫 번째 소주제를 하나의 문장으로 쓰고 이를 소주제문(topic sentence)으로 삼아 제일 앞에 두는 두괄식으로 한다. 소주제문을 힘 1[13]로 한다. 다음은 이 주제를 뒷받침하는 근거(2)를 댄다. 근거를 더 구체적으로 뒷받침하는 증명(3)을 한다.

힘2_ 본문 두 번째 문단: 문단 2′(두 번째 소주제를 다룸)
힘2_ 본문 세 번째 문단: 문단 2′(세 번째 소주제를 다룸)

힘4_ 결론을 문단 4′에 담는다. 본문의 내용을 간략히 요약하고 주제를 마무리 짓는다. 주제문(4)이 제일 마지막에 나오는 미괄식이 된다.

글을 쓰는 사람은 글의 구조를 잡을 때, 그림으로 된 글의 구조도[14]를 참고하지만 글에서는 이러한 그림이 없다. 이 한계를 극복하는 것이 글의 접속어나 부사어이다. 이것들은 마치 그림을 보여 주듯 글의 방향을

---

[13] 1′-2′-2′-2′-4′ 형식의 5개 문단에서 본문 2′의 문단은 힘 2이다. 힘 2의 문단 2′에서 문장은 다시 힘 1부터 시작한다. 큰 덩이에서 떨어져 나온 작은 덩이는 다시 시작하는 법이다. 본사에서는 계급이 낮은 사람도 하부 독립기관에서 기관장이 되는 이치이다.
[14] 글의 구조도는 발표에서 조직도(Organication Chart)이다. 발표는 그림을 사용할 수 있어 글보다 힘이 좋다. 그래서 파워포인트(Powerpoint)는 조직도를 많이 활용한다.

보여 주는 신호역할을 한다. 접속어와 부사어의 예를 보자.

문단을 구분짓는 접속어나 부사어

힘2 (근거를 설명하기 위해 방법이나 이유를 제시)
첫째(first), 둘째(second), 셋째(third), 마지막으로(lastly, finally)
우선 먼저(to begin with), 특히(above all), 다음(then, next)
하나(one), 또 하나(another), 다른(the other, others)
역시(also, likewise), 추가로(in addition), 그 위에(moreover)
반면에(besides), 그러나(however, never the less)

힘3 (증명을 위해 자료를 제시하거나 예를 들기 위해)
즉(namely), ~ 처럼(like), 다른 말로(in other words)
구체적으로(to be specific), 분명히 되며(this can be clarified by)
상술되며(this can be explained by),
예를 들면(for example, for instance), 같은 식으로(in the same manner)
그런 경우에(in such cases), 사실(actually, as a matter of fact)
이렇기 때문에(because of this), 그러나(however, never the less)

힘4 (마무리하기 위해)
결론적으로(in conclusion), 요약하면(in summary),
이런 이유로(these are the reasons, this is why)

이러한 접속어나 부사어를 외우려 들지 말자. 단어를 단순히 외워서 자신의 지식으로 삼는 방법은 원시적이다. 하나하나의 단어는 하위의 '개념'(meaning)이기 때문이다. 이 단어들을 한데 묶어 상위의 의미(즉, 문장차원의 idea)로, 또 문장들을 묶어 상위의 소주제(즉, 문단 차원의 topic)로 정리해 두면 그냥 넘어가도 된다. 문단 차원으로 정리하면 다음과 같다.

"접속어는 신호역할을 한다. 읽는 사람이 문단 첫머리에서 접속어만 보아도 그 문단의 성격이나 내용을 파악할 수 있다. 이렇게 소중한 신호를 문단 안에서는 함부로 쓰지 않는다."

문단 차원으로 정리하다 보면 접속어를 언제 사용해야 하는지 '지혜'가 생긴다. 이런 접속어를 뒷받침문장에는 쓰지 않는 것이 좋다는 깨달음이다. 뒷받침문장은 하나의 소주제를 뒷받침하기 때문에 같은 성격으로 이루어진 한 덩이의 문장이다. 같은 성격의 문장에 접속어를 넣으면 일관된 방향에서 자꾸 신호를 넣는 꼴이 되는 것이다. 기껏해야 '그래서', '그러니까'밖에 없다.

뒷받침문장에서 신호를 거꾸로 자주 바꾸는 것도 자제해야 한다. '그러나', '반면에'와 같은 신호를 넣으면 읽는 사람을 헷갈리게 하려고 작정하는 것과 같다. 글을 쓸 때 접속어는 가급적 쓰지 말라는 원칙이 있다. 이 원칙은 문단의 앞에는 신호를 넣고 문단 속에는 넣지 않는 것으로 해석하면 된다.

5문단-에세이(기본 에세이) 쓰기

서론 1′ - 본론 2′(1-2-3-3-2-3-3-2-3-3) - 본론 2′(같은 유형) - 본론 2′(같은 유형) - 결론 4′의 형태를 취하는 5문단-에세이의 기본형을 소개한다.

　서론은 최소한의 배경을 제시하고 주제를 곧바로 드러낸다. 이 책에서는 읽는 사람이 주제문(1)을 쉽게 알아보도록 주제문을 녹색으로 진하게(bold) 표시한다. 문단의 끝에 위치하는 미괄식 문단이다.

　본론은 주제를 뒷받침하는 소주제 세 가지에 대해 한 문단이 하나의 소주제를 설명한다. 소주제문(1)이 문단 제일 앞에 나오는 두괄식 문단이다. 녹색으로 표시한다. 이 소주제를 세 개의 근거(2)가 뒷받침한다. 이 부분은 보통 서체이다. 이들 근거를 다시 구체적으로 뒷받침하는 증명(3)이 각각 2개씩 뒤따르고 있다. 증명은 가늘고 흐린 서체로 구분한다.

　결론은 본문의 내용을 간략히 정리한 다음 마지막에 주제를 강조하는 미괄식 문단이다. 주제문(4)은 녹색으로 진하게(bold) 표시한다.

고양이는 이상적인 애완동물

"개는 사람에게 최고의 친구이다." 이 격언은 상당부분 진실이지만, 개가 사람이 좋아하는 유일한 동물은 아니다. 많은 사람에게 고양이 역시 최고의 친구이다. **개를 사랑하는 사람이 들으면 섭섭하겠지만, 고양이는 훌륭한 애완동물이다.**

첫째, 사람은 고양이의 사교성을 즐긴다. 많은 고양이가 애교스럽다. 그들은 살짝 다가와 쓰다듬어 달라거나 턱밑을 긁어달라고 한다. 기분 좋게 그렁거리는 고양이를 누가 마다하겠는가? **애교스럽지 않은 고양이는 일반적으로 놀기를 좋아한다.** 공이나 깃털, 끈에 달린 것은 무엇이나 쫓기 좋아한다. 고양이는 특별히 주인과 함께 하는 놀이를 즐긴다. **우리의 상식을 뛰어넘어, 고양이도 훈련시킬 수 있다.** 개처럼 보상과 벌을 적용하면 고양이는 재주를 부린다. 심부름하는 고양이까지 가능하다!

둘째, 고양이는 문명화한 가족구성원이다. 개와는 달리, 짖거나 큰 소음을 내지 않는다. 대부분의 고양이는 '야옹'도 그렇게 자주 하지 않는다. 그들은 조용한 존재이다. **고양이는 자주 '사고'치지도 않는다.** 어미 고양이는 새끼고양이가 대소변을 가릴 수 있도록 용변상자 사용법을 가르쳐 준다. 새끼고양이는 배운 순간부터 거의 실패하지 않고 이 상자를 사용한다. 도둑고양이조차 용변상자가 보이면 이 상자의 용도를 이해하고 정기적으로 상자를 사용한다. **고양이에게는 발톱이 있어, 주인은 이에 대비해야 한다.** 날카롭고 긴 발톱으로 가구를 할퀴지 않도록 고양이를 묶어두기도 한다. 물론, 최후의 수단으로 발톱을 깎을 수 있다.

마지막으로, **고양이가 애완동물로 가장 매력적인 것 중 하나는 키우기 쉽다는 점이다.** **고양이는 산책시킬 필요가 없다.** 집 안에서의 놀이가 충분한 운동이 되고 볼일은 조그마한 상자에서 해결한다. 이 상자는 청소하기 빠르고 쉽다. **고양이는 또한 몸단장을 스스로 한다.** 목욕시키는 일은 거의 필요하지 않은데 고양이는 보통 스스로 털을 깨끗이 한다. 고양이는 깨끗함의 관념이 사람보다 낫다. **이뿐만 아니고, 고양이는 몇 시간 동안 집 안에 혼자 두어도 두려워하지 않는다.** 다른 애완동물과는 달리 혼자 남겨졌을 때 가구를 물어뜯어 망쳐놓지 않는다. 주인이 돌아올 때까지 평소에 하던 대로 행동한다.

　　고양이는 우리의 보살핌이 적어도 되고, 말썽을 거의 피우지 않는 우리의 친구이다. 집 안이 좁고 시간여유가 많지 않은 사람은 고양이의 이러한 특성을 고마워해야 한다. 집도 넓고 시간도 넉넉한 많은 사람도 고양이를 키우는 경향이 있는데 이는 그들이 고양이의 개성을 사랑하기 때문이다. **다양한 방법으로, 고양이는 이상적인 애완동물이다.**[15]

---

[15] http://members.tripod.com/lklivingston/essay/sample.html에서 발췌.

앞의 5문단-기본에세이를 풀이해서 글의 양과 구조를 그림으로 표시하면 다음과 같다.[16]

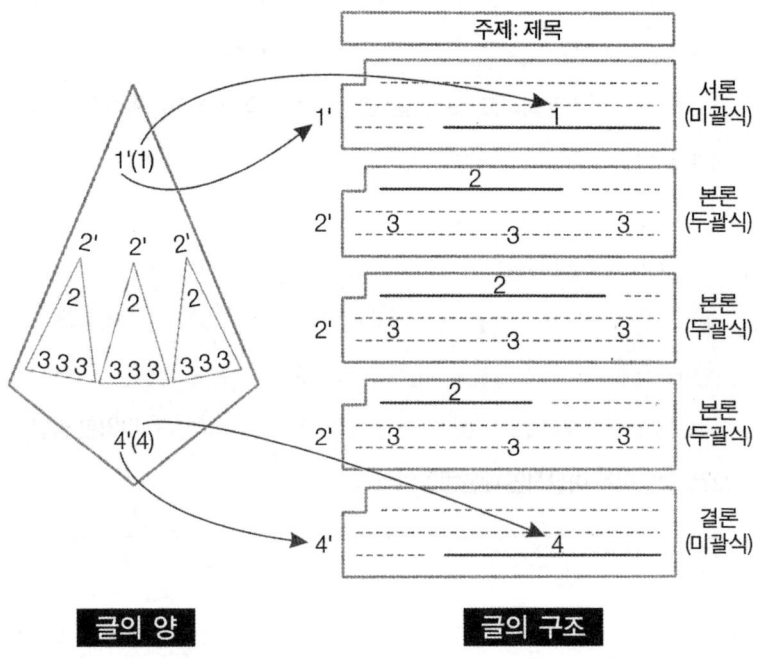

---

16   본론 문단 2'는 앞(35쪽 첫 문장)에서 문장 구성이 1-2-3-3-2-3-3-2-3-3 이라고 설명하였다. 그런데 이 그림에서는 2-3-3-3이다. 간략히 표현하기 위함이다.

02 힘글쓰기 과정

글은 통상적으로 크게 세 과정으로 이루어진다. 준비 – 글쓰기 – 교정이다. 힘글쓰기에서는 이 단계도 세분하여 POWER(Pre-Writing, Organization, Writing, Editing, Re-Writing)를 적용한다. 즉,

P — 글쓰기 준비,
O — 글의 구조,
W — 쓰기,
E — 글 고치기,
R — 다시 쓰기이다.

힘글쓰기 과정 – ❶
글쓰기 준비 …… Pre-Writing

준비방식은 두 가지이다. 하나는 주제를 교사가 정해 주는 '문제해결형'이다. 문제해결형은 교사가 낸 문제에 학생이 답을 하는 형태이다. 주로 책을 읽고 적절한 답을 찾아내므로 글의 소재가 책이 되는 셈이다. 결과

물은 답안지이다. 한편, 다른 하나는 주제를 학생이 찾아내는 '문제발견형' 또는 '주제발견형'이다. 주제발견형은 학생이 쓰고 싶은 내용을 자유롭게 쓰는 형태이다. '문제해결형'보다 주제를 찾아내야 하는 부담을 추가로 지고 출발하는 것이다. 소재가 책일 수도 있고, 여행일 수도 있고, 시사문제일 수도 있다. 결과물은 독후감이나 감상문, 투고이다.

주제를 자기가 선정할 때는 맞는 정답을 찾으려고 굳이 노력하지 않는다. 자기의 생각을 적는 것이다. 따라서 자기가 가장 자신있게 다룰 수 있는 것으로 한다. 이때 주제의 범위는 구체적이어야 한다. 너무 일반적이고 넓은 범위의 주제는 누구나 아는, 하나마나한 내용으로 채워지기 때문이다.

주제가 결정되면 다음은 쓸 내용을 찾아내야 한다. 글을 쓴다는 것은 '무엇을' '어떻게' 쓰느냐 하는 것이기에 '무엇을'을 찾아내는 것이다. 이를 위해 책이나 신문, 인터넷 등의 자료를 조사하거나 인터뷰, 실험 등을 한다. 기존의 자료로 글을 쓸 내용을 찾아내지 못할 때는 발상모으기(brainstorming)를 한다. 여러 사람이 모여 새로운 발상을 모을 수도 있고 자기 혼자 신선한 내용을 찾아낼 수도 있다.

힘글쓰기 과정 – ❷
글의 구조 ······ Organization

'무엇을'이 결정되면 '어떻게'의 차례이다. 글의 내용을 어떻게 조직화하여 글의 뼈대를 갖추는가 하는, 글의 구조에 관한 문제이다. 글의 논리도 여기서 결정한다. 따라서 글의 구조와 논리가 모두 결정되는 중요한 과정이다. 이 과정을 쉽게 해 주는 것이 그림으로 보여 주는 구조도이다.

구조도를 이해하려면 덩이를 먼저 이해해야 한다. 덩이지기(Clustering)는 세세한 단위를 하나씩 분리하여 전개하기보다는 같은 성질을 한 묶음씩 묶는 것이다. 우리의 두뇌는 한꺼번에 많은 정보를 처리하지 못하므로 비슷한 것은 하나로 묶어 처리한다. 글쓰기, 보고, 발표, 의사소통의 어느 것을 하더라도 최대한 덩이를 지어 분류하도록 한다. 덩이 하나하나는 글에서 문단이 된다. 보고서에서는 덩이를 항목 [1, 가, 1), 가), ①, ㉮]으로 구분한다.

이렇게 묶인 덩이를 두 방향으로 전개한다. 수직적 전개는 주종관계를 나타낼 때, 수평적 전개는 같은 성격을 옆으로 나열할 때 활용한다.

이런 세부적인 원칙하에서 글의 구조는 크게 서론 – 본론 – 결론으로 나뉜다. 본론은 다시 다음 쪽의 그림 본문의 구조 와 같이 세분한다.

가. 본론의 전개

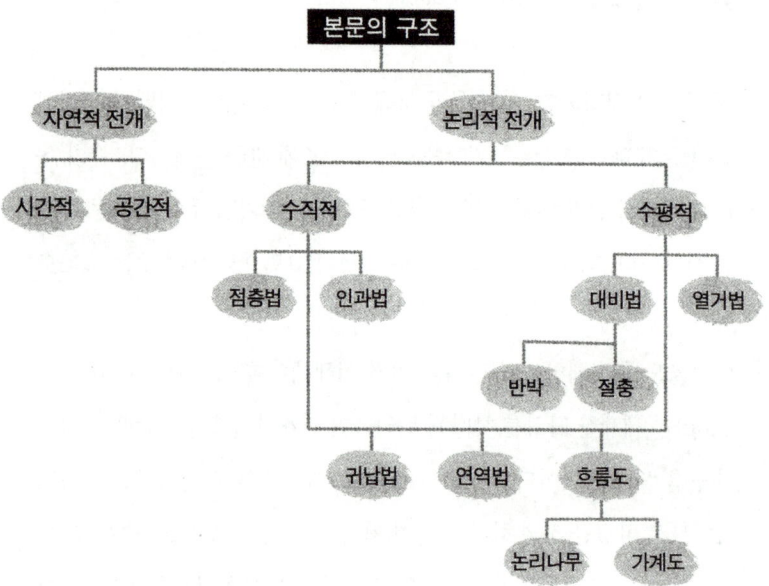

자연적 전개 (사건사슬 구조도)

용도 : 시간적 전개 (역사기록, 활동보고)
　　　공간적 전개 (제품설명, 기행문)

생각의 흐름이 자연스러워 이런 순서를 자연적 전개라 한다. 우리가 사물을 인식할 때 시간이나 공간적 순서에 입각하기 때문에 가장 많이 쓰인다. 그림으로 된 글의 구조도(그림 글의 구조도)에서 사건사슬(Chain of Event) 구조도가 사용된다. 시간적 전개는 수직 사건사슬이고, 공간적 전개는 수평 사건사슬이다.

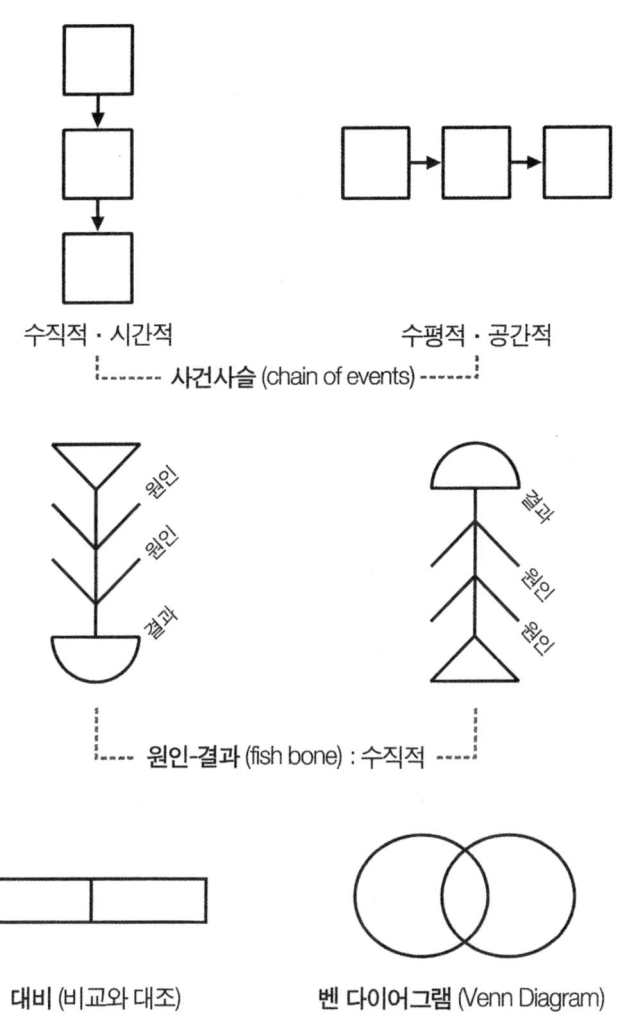

글의 구조도

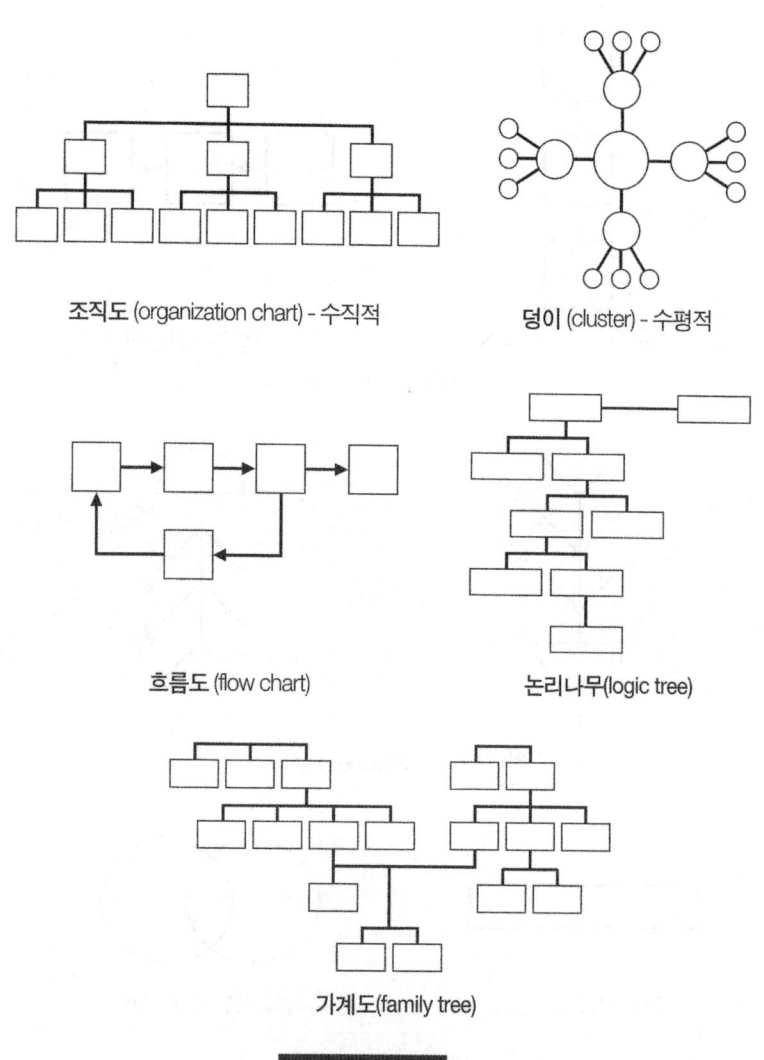

조직도 (organization chart) - 수직적

덩이 (cluster) - 수평적

흐름도 (flow chart)

논리나무 (logic tree)

가계도 (family tree)

글의 구조도

논리적 전개

자연적 전개가 아닌 것은 모두 논리적 전개이다. 논리적 전개는 세 가지로 이루어지는데 수직으로 논리를 전개하는 법, 수평으로 논리를 전개하는 법, 수직-수평으로 논리를 전개하는 법이다.

수직논리는 덩이에서 덩이로 한 단계 한 단계 넘어갈 때마다 비약이 없어야 한다. 비약을 없애는 가장 좋은 방법은 읽는 사람에게 '어떻게?'[17]나 '왜?'라는 질문이 생기지 않도록 하면 된다. 즉 구체적인 근거(방법이나 이유)를 대는 것이다. 상위와 하위의 단계는 주종관계이다. 주(主)에서 종(從)으로 가면서 구체화를 심화한다. 점층법, 인과법이 있다.

수평논리는 균형을 이루어야 한다. 균형을 이루는 가장 좋은 방법은 누락과 중복을 없애는 것(맥킨지의 MECE; Mutually Exclusive and Collectively Exhaustive)이다. 같은 줄에 여러 개의 덩이가 동등한 입장에 있기 때문에 균형을 이루어야 설득력이 있는 것이다. 덩이가 두 개만 있는 것이 비교와 대조(이를 합쳐 대비)이고, 여러 개가 있는 것이 열거법이다. 반박, 절충은 대비의 변형이라고 할 수 있다.

수직-수평논리는 수직과 수평논리가 함께 있는 것이다. 귀납법, 연역법, 흐름도, 논리나무, 가계도가 그 예이다.

---

17 글쓰기는 '무엇을', '어떻게' 적는가 하는 문제라고 앞에서 설명하였다. 이때의 '어떻게'는 글 전체를 대상으로 하는 것이고, 수직논리에서 '어떻게'는 논리만을 대상으로 하는 것이다.

점층법 (사건사슬 구조도 – 수직)

   용도 : 단순 → 복잡(설명)

         아는 것 → 모르는 것(설명)

         덜 중요한 것 → 중요한 것(미괄식 배열, 협상)

         중요한 것 → 덜 중요한 것(두괄식 배열, 보고)

용도에 따라 배열 순서가 다르다는 점에 유의해야 한다. 설명은 상대가 알고 있거나 단순한 것부터 시작한다는 것쯤은 누구나 잘 안다. 정보의 방향이 순리이기 때문이다. 그러나 보고를 할 때는 중요한 것부터 해야 한다. 보고를 할 때 아직도 한가하게 시간순으로 '배경 및 필요성'부터 시작하는 경우가 많다. 이는 정보의 방향이 자신에게 편하기 때문이다. 이를 의식적으로 거슬러 중요한 것부터 보고하는 습성을 길러야 한다. 보고를 듣는 사람은 중요한 핵심내용부터 듣기를 원한다는 사실을 명심해야 한다. 사건사슬 구조도(수직)를 쓴다.

   참고로 협상이나 외교는 보고보다 단계가 높은 전략적 사항이라 곧바로 핵심으로 들어가면 손해이다.

인과법 (원인-결과도)

인과론이다. 생각의 흐름이 자연스럽다. 배경과 필요성으로 시작하여 결과가 제일 뒤에 나온다. 연구보고서가 대부분 이런 형식이다. 문학적인 글도 전부 인과론이다.

그러나 의사전달의 효과를 중시하는 실용적인 글에서는 달라야 한다. 정보를 다루는 글, 예를 들면 경고문, 사건기사, 보고문은 결과를 앞에 두어야 한다. 자신의 의견을 주장하는 논설문도 결과가 먼저 나온다. 이러기에 앞에서 살펴본 '하이, 파이브!'도 결과가 먼저 나오는 것이다. 힘 1이 결과이고 힘 2가 이유(배경 및 필요성)였다. 원인-결과도(fish bone)에서 결과가 먼저 나오는 것을 쓴다.

대비법 (대비도)

이제까지와는 다르게 수평적으로 전개한다. 제일 간단한 것이 2개만을 펼친다. 서로 비슷한 것은 비교하고, 서로 다른 것은 대조한다. 이 둘을 합쳐 대비라고도 한다. 대비도가 쓰인다.

반박법 (대비도)

대조는 다른 것을 드러내 보이는 것인 데 반하여 반박은 틀린 것을 드러내 보이는 것이다. 틀림은 다름과 다르다. 구조도는 대비도이다.

절충, 양시론과 양비론(벤 다이어그램)

시종일관 자기의 주장을 굽히지 않는 경우도 있지만 많은 경우에 이를 절충하는 형식을 취한다. 논리학에서 변증법인 정-반-합이 이에 해당한다. 둘 모두 정답이라고 인심 쓰는 양시론이나, 둘 모두 틀리다고 주장하는 양비론도 있다. 이를 대인(大人)이 하면 인생을 달관한 자세이고, 소인(小人)이 하면 책임지지 않는 논리전개이다. 구조도는 벤 다이어그램(Venn Diagram)이다.

열거법 (조직도)

같은 성격을 가진 것들을 중요도가 낮은 것에서 높은 것, 또는 높은 것에서 낮은 순서로 배열한다. 3개 이상을 펼친다. 많아도 7개를 넘지 않는다. 우리 두뇌가 단기적으로 기억할 수 있는 한계이다. 조직도가 이에 해당한다.

귀납법 (조직도)

특수한 사례로부터 일반적인 원리를 도출해 낸다. 즉, 여러 사례를 통해 결론을 도출해 낸다. 수평적인 자료를 놓고 추리를 동원한다. 구조도는 조직도이다.

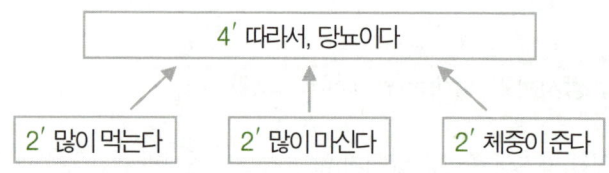

연역법 (조직도, 대비도)

일반적인 원리에서 특수한 사례를 도출해 낸다. 삼단논법이 대표적이다. 구조도는 정확하게 맞는 것이 없다. 수직으로는 조직도, 수평으로는 대비의 형상이라 대비도를 쓴다.

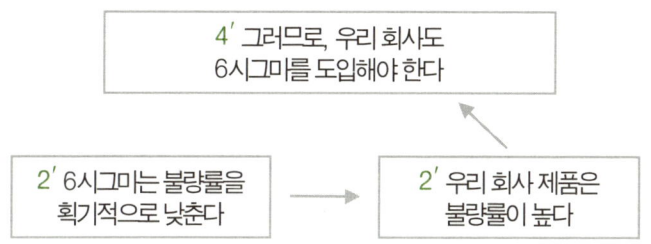

흐름 (흐름도)

공정과 같은 작업순서를 표시한다. 흐름도이다.

논리나무, 가계도 (논리나무, 가계도)

하나의 사건을 두 가지 경우(맞거나 틀림, 하거나 안 함, 있거나 없음)로 나누어 그중 한쪽을 고르고, 고른 것을 또 두 개로 나누어 그중 하나를 골라 나가는 방식이다. 의사결정을 할 때 많이 사용한다. 가계도는 부모와 형제자매를 나타내는 논리나무라고 볼 수 있다. 구조도는 논리나무(Logic tree)와 가계도(Family tree)가 있다.

"이런 복잡한 글의 구조를 외울 필요는 없다"

우리 두뇌는 우리가 의식하지 않아도 이런 복잡한 구조로 글을 이해한다. 그러니까 글을 읽을 때 특별히 논리적인 지식을 동원하지 않아도 우리 머리가 자동으로 해결해 준다. 우리는 읽고 있는 내용이 맞는지 틀리는지 금방 안다. 그럴듯한 논리라도 결론이 이상하면 불편을 느끼고 잘못된 논리에 수긍하더라도 시간이 어느 정도 지나면 진위 여부가 저절로 드러난다. 난해한 철학서는 논리를 알아야겠지만 실용적인 글을 이해하기 위해서 복잡한 글의 구조를 알 필요는 없다.

문제는 글을 쓸 때이다. 글을 쓸 때에도 읽을 때처럼 어느 정도는 자동으로 우리 머리가 논리를 전개한다. 그러기에 우리가 논리를 따지지 않고 글을 써온 것이다. 그러나 이러한 글쓰기는 글이 조직화·표준화되지 않아 수공업적인 형태를 띠게 마련이다. 쓰는 사람마다 각양각색이다. 당연히 능률이 떨어진다. 이를 개선하여 글의 구조를 표준화하면 논리도 해결하고 글쓰기 효율도 극대화할 수 있을 뿐 아니라 읽는 사람도 글의 구조를 알기 때문에 글을 더욱 쉽게 이해할 수 있다.

나. 결론

결론은 본론 다음에 쓴다. 결론의 앞부분에는 본문에서 다룬 내용을 간략히 요약한다. 마지막에 이를 종합한 하나의 통합된 의견을 제시한다. 이것이 주제와 일치하는 주제문이다.

다. 서론

서론은 제일 나중에 쓴다. 서론을 먼저 쓰면 십중팔구 주제를 넓게 잡거나, 시작은 좋은데 이를 뒷받침할 구체적인 설명을 할 수가 없어 글쓰기에 실패하게 된다. 건물을 먼저 짓지, 간판부터 거는 법은 없다. 그래도 많은 사람이 간판쓰기부터 먼저 하는 어리석은 짓을 한다.

서론은 '무엇을' '왜' 쓰는가를 다룬다. 이 두 가지 정보를 자연스럽게 전개하려니 글을 쓰는 배경이 '왜'로 먼저 나오고 '무엇을'이 나중에 나온다. 이때 주의할 점은 배경 설명이 길면 안 된다. 서론에서 중심은 어디까지나 '무엇을'이다. 읽는 사람이 '무엇을'을 가장 빨리 알 수 있도록 해야 한다. 따라서 배경은 '무엇을'에 빨리 이르도록 최소한의 설명만 해야 한다. 읽는 사람이 어느 정도 배경지식을 가지고 있는가를 잘 아는 것이 설명을 줄일 수 있는 가장 좋은 방법이다.

배경설명은 너무 기초적인 것에서 시작해서도 안 된다. 배경을 친절하게, 필요 이상으로 자세히 설명하는 것은 정보시대에 읽는 사람의 시간을 뺏는 나쁜 글이다. 또 배경이 너무 전문적이어서 읽는 사람의 이해를 뛰어넘는 비약이 있어도 안 된다.

힘글쓰기 과정 – ❸
글쓰기 ······ Writing

힘글쓰기로 힘문단을 쓴다. 5문단-기본 에세이를 쓴다.

힘글쓰기 과정 – ❹
글 고치기 ······ Editing

기계적인 사항을 점검하여 바른 글이 되도록 한다. 맞춤법과 같은 주로 문법적인 것이 된다. 우리 같으면 다음과 같은 사항이다.

바른 글로 교정

단어는 맞춤법에 맞는가?
문장부호(마침표, 쉼표 등)가 정확한가?
단어(one word, one meaning)는 적확히 사용되었는가?
주어가 있는가?
주어와 서술어가 호응을 하는가?
수식어의 위치가 피수식어와 멀지 않는가?
한 문장에는 한 의미(one sentence, one idea)만을 담고 있는가?
한 문장에는 하나의 구두점만 있는가?
한 문장이 20단어 이하인가?
한 문단은 하나의 소주제(one paragraph, one topic)인가?
문단은 줄바꾸기로 시작하였는가?
문단의 시작은 들여쓰기를 하고 있는가?
소주제문의 위치가 문단 앞에 나온 두괄식인가?

> 접속어가 문단 첫머리 소주제문에 있는가?
> 접속어가 뒷받침문장들에서 자주 나타나지 않는가?

힘글쓰기 과정 – ❺
다시 쓰기(편집하기) ····· Re-Writing

미국의 글쓰기 교육이 '효과적인 의사전달'을 목표로 하는 만큼 독자의 가독능력(literacy)에 중점을 맞춘다. 가독성은 '쉽게 읽히는 것'이 생명이다. 이러자면 글을 최대한 시각화하여 '보이는 글'이 되도록 한다. 이런 글이 바로 신문이다. 따라서 힘글쓰기 과정은 신문사의 편집과정을 그대로 가져오는 형태가 된다. 이러다 보니 아예 언론정보학(Journalism)을 글쓰기 교육에 도입하는 고등학교가 많다.[18] 요즈음은 이런 경향이 초등학교에까지 파급되고 있다.

편집과정은 여럿이 모여 진행한다. 남의 글에 잘못을 지적해 나가는 과정에서 자신의 나쁜 글쓰기 버릇도 고친다. 자신이 속한 그룹에서 끝낸 편집결과를 다른 그룹과 교환하여 비평을 하기도 한다.

글이 '정확하고, 쉽고, 간결(3C; Correct, Clear, Concise)'한지를 확인

---

[18] http://highschooljournalism.org/guidance/schoolinf_index.cfm. 5000여 개의 고등학교가 등록되어 있다.

한다. 글의 구조가 논리적이며, 하나의 주제를 구체적으로 뒷받침하고 있는지를 따져 본다.

글의 구조와 논리를 확인

주제가 일관되게 통일성을 유지하고 있는가?
읽을 상대를 충분히 고려하고 있는가?[19]
제목이 핵심내용을 담고 있는가?
배경설명이 너무 기초적이거나 어렵지 않은가?
시각자료를 최대한 활용하고 있는가?
정보가 중요한 것부터 제시되고 있는가?
수직논리에 비약이 없는가?
수평논리가 균형을 이루고 있는가?
글을 읽다가 되돌아 와서 읽어야 하는 구절은 없는가?
정확한가?
간결한가?
중복된 표현은 없는가?

---

19 'I'로 시작하는 문장이 3개 이상 있으면 안 된다. 이런 문장은 상대에 대한 고려가 부족한 글이 되기 쉽기 때문이다.

한 국 의 　 직 장 인 은 　 글 쓰 기 가 　 두 렵 다

[둘째장]

힘글쓰기 실전

▶ 좋은글 나쁜글 보기
▶ 의사전달에 효과적인 쓰기, 발표

글을 잘 쓰기 위해서는 남이 써 놓은 글을 보는 것이 먼저이다. 어떤 글이 잘된 글이고 왜 잘 되었는지를 알면 많이 배울 수 있다. 반대로 어떤 글이 못된 글이고 왜 못 되었는지를 찾아내도 마찬가지로 배울 수 있다. 반면교사(反面敎師)이기 때문이다. 몇 개의 글을 소개한다.

01 좋은 글 나쁜 글 보기

좋은 글 나쁜 글 보기 - ❶
발췌문

시작은 되도록 쉽게 하는 것이 좋다. 그런 의미에서 글 전체를 대상으로 하기보다는 글의 일부만을 다루어 보기로 한다.

이시형 박사의 좋은 수필

이시형 박사는 글을 잘 쓴다. 그가 쓴 수필 하나를 소개한다.

> ### 부지런한 주부는 낮잠을 잔다
>
> **주부는 노는 시간과 일하는 시간이 분명하지 않다.** 일을 할 때도 얼른 보면 힘든 일도 아니어서 그저 빈둥거리는 것 같기만 하다. 원래 가사일이란 땀을 뻘뻘 흘리거나 사무실에서처럼 정신없이 해야 할 일도 아니다.
>
> **어떻게 보면 노는 것 같다.** 해야 빛도 안 나고 끝도 없다. 보수도 없거니와 칭찬도 없다. 핀잔이나 안 들으면 다행이다. 하는 일 자체가 화끈하지도 않거니와 일정한 스케줄에 의해 하는 일이 아니어서 인정받기가 힘들다.
>
> **쉬려면 쉴 수도 있지만 어떤 의미에서 주부의 하루는 24시간 비상이다.** 남편이야 귀가하면 "종일 일을 했습네" 하고 신문이나 뒤적이다 자면 그뿐이다. 하지만 주부는 집 안의 모든 뒷바라지를 다하고 나서야 잠자리에 들 수 있다.
>
> 〈이하 생략〉　　　　　　　　　　　　　이시형 칼럼(강북 삼성병원)[20]

---

[20] 이 예문은 『문장표현의 공식』(문장연구사, 장하늘) 35쪽에서 발췌하였다. 원문은 「신나게 삽시다」(풀잎) 229쪽이다.

이 예문은 수필의 원문에서 예시 목적상 필요한 3문단만 발췌하였다. 알아보기 쉽게 소주제문을 녹색으로 표시하였다. 이 문단은 소주제(2)가 앞에 나오고 뒤이어 힘 3인 뒷받침문장이 따라 나온다. 문단 3개가 똑 같은 형식이다. 따라서 이 3개의 문단은 같은 성격을 수평적으로 전개하는 형식이다. 이제까지 배운 것을 확인하는 의미에서 다음의 질문에 답해 보라. 하나의 질문에 답하고 그 다음 단계의 질문으로 넘어가기 바란다.

질문_

㉮ 속독이 되는가? 핵심 문장 3개를 찾아라.
㉯ 두괄식인가? 미괄식인가? 양괄식인가?
㉰ 힘글 형식 2-( )-( )-2-( )-( )-( )-( )-2-( )-( )이다.
㉱ 주제(제목)-2′-2′-2′의 형식이고 논리가 ( )법이다.
㉲ 이 글을 왜 잘 썼다고 생각하는가?

답_

㉮ 속독이 된다. 제목과 소주제문, 4개만 읽으면 된다. 주제(제목)를 뒷받침하는 소주제가 나란히 문단 제일 앞에 한 문장(소주제문)으로 나와 있다.[21]

---

[21] 미국의 속독은 핵심문장을 찾는 것이 위주이다. 주제문과 소주제문을 정해진 위치에서 찾는다. 또 주제문이나 소주제문에 잘 쓰이는 핵심동사를 활용한다. 무작정 눈알만 열심히 굴리는 속독은 이제 한물갔다.

㉯ 두괄식이다.

㉰ 2-3-3-2-3-3-3-3-2-3-3

㉱ (귀납)법, 수평적인 여러 사례($2'-2'-2'$)를 통해 주제에 도달하기 때문이다.

㉲ 힘글쓰기 원칙에 잘 들어맞기 때문이다. 저자는 문장의 대가이기 때문에 힘글의 유형을 이미 몸에 익혔다. 특히 문장의 길이도 무척 짧은 단문을 쓰고 있다. 한 문장의 글자수가 평균 25자[22]를 넘지 않는다. 그러니 뜻이 분명하고 전달력도 강력하다. 이런 글은 신문에서도 좀체 보기 힘든 명문이다.

이시형 씨의 글은 비록 수필이지만 '효과적인 의사전달'의 원칙에 잘 맞는 것이 특징이다. '정확하고, 쉽고, 간결'하다. 그래서 한 편을 더 소개한다. 이 글은 특히 한 문장의 길이가 짧아 평균 18자가 안 된다. 덕분에 이 글은 박력이 있다. 거기다 재미까지 있다. 참고로 이 글은 논리가 시간적 전개이다.

---

[22] 한 문장은 20~40자가 적당하다. 영어로는 16단어이고 20단어를 넘겨서는 안 된다. 문장의 길이로는 한 줄 반이다. 한 번의 숨으로 읽을 수 있는 분량이다. 물론 문장을 읽기 위해 크게 숨을 들이마시지 않는다. 우리나라의 글은 신문기사가 평균 64자로 심각한 장문(長文)병을 앓고 있다고 『글고치기 교본』(문장연구사, 장하늘) 28쪽은 지적한다. 유명 컬럼니스트는 한 문장이 평균 22자라고 장하늘은 단문을 강조한다.

> ### 정신과 의사
>
> **위암. 그에겐 청천벼락이었다.** 위장병으로 오래 고생해 오긴 했지만 혹시나 했던 게 사실로 드러나고 보니 기가 찰 일이었다. 환자 자신이 이름난 외과 의사라 숨길 수도 없었다. 수술준비를 하는 며칠 사이 그는 아주 딴사람으로 되어 가고 있었다.
>
> **의사이기에 더 그랬는지도 모른다.** 말이 없어졌다. 면회도 사절이었다. 깊은 고뇌와 함께 심각한 우울증에 빠진 것이다.
>
> **이윽고 수술.** 한데 이 무슨 신의 은총인가. 그건 암이 아니었다. 만성위염으로 판명된 것이다. 수술 후 회복도 빨랐다. 저승 갔다 돌아온 심경이야 새삼 설명이 필요 없다. 가족은 물론이고 그를 아끼는 모든 사람들도 재회의 기쁨에 들떠 있었다.
>
> (이하 생략) 「이시형 칼럼」[23]

국어 교과서에 나와 있는 나쁜 문단

이번엔 순서를 바꾸어 나쁜 문단을 보기로 한다. 고등학교 국어 교과서에 나오는 한 문단의 글을 예로 삼았다.[24] 고칠 것이 의외로 많은 글이

---

[23] 『글 고치기 교본』(문장연구사, 장하늘) 116쪽에서 발췌.
[24] 이 부분도 '문장표현의 공식(문장연구사, 장하늘)'이 지적한 것을 이 책이 인용한다.

다. 힘문단(Powergraph)의 원칙에 맞추어 이 글을 분석해보라. 왼쪽 손을 펴서 문장 하나, 하나를 손가락과 대조하여 보기 바란다. 하이, 파이브!를 외치며 다음 물음에 답해보자.

대화로서의 글쓰기

글을 쓸 때에는 독자와 대화를 하는 마음가짐으로 써야 하며, 그러기 위해서는 독자로 하여금 의문을 제기하고 그 답을 찾으면서 글을 읽을 수 있도록 하는 것이 효과적이라고 공부하였다. 그러므로 글을 쓸 때에 "○○은 무엇인가", "△△에 대하여 생각해 보자", "○○이 □□라면 어떻게 될까?" 등과 같이 의문형의 화제문(話題文)[25]을 문단의 앞에 제시하고, 그에 답하는 방식으로 써 나가는 것이 좋다. 이 방법으로 "독서의 필요성"을 설명하는 한 문단의 글을 쓰되, 다음을 먼저 생각해 보자.

(1) 어떤 독자를 대상으로 할 것인가?
(2) 글을 쓰는 목적을 어디에 둘 것인가?
(3) 필자의 의도는 어떻게 설정할 것인가?   『고교국어〈상〉』 25쪽

뒤에서 인용하는 '글 못쓰는 교수들'과 '쉽게 쓰기의 어려움'도 이 책에서 인용하였다.
[25] 소주제문의 다른 이름이다. 이 책은 topic sentence를 소주제문으로 번역한다. 화제문은 문학적인 냄새가 난다. 주제를 뒷받침하는 문장이라서 소주제문이라고 하는 것이 개념을 명료하게 정립하는 데 도움이 된다.

질문_

㉮ 이 문단의 소주제문을 찾아보자.
㉯ 소주제문이 한 문장의 길이로 적당한가? 한 번의 숨으로 읽을 수 있는가?
㉰ 문장이 줄갈이를 하면 문단의 시작이라고 하였는데, 그러면 이 글은 4문단인가?
㉱ 이 글은 소주제가 하나인가? 그 이상인가?
㉲ 소주제들을 정확히 규명해 보고 소주제문을 만들어 보자.
㉳ 이 힘문단(Powergraph)은 힘1 – 주장, 힘2 – 근거(이유), 힘3 – 증명(   ), 힘4 – 주장의 원리이다. 즉 주-이-(   )-주이다. 처칠이 애용했다는 PREP법이다.
㉴ 소주제문을 힘 1로 하는 문단으로 이 글을 다시 써보자. 1-2-3-4, 1-2-3의 형식을 갖추어 보자.

답_

㉮ 가장 앞에 나온 문장이다.
㉯ 문장이 길다. 76자가 한 문장이다. 40~60자가 적당하다. 한 번의 숨으로 읽기 힘들다.
㉰ 문장이 줄갈이를 하면 일단 형식적으로 문단이다. 형식적으로 몇 개의 문단으로 나뉘더라도 의미상으로 하나의 소주제를 다루면 의미상의 1문단이다.
㉱ 소주제가 둘이다. 하나는 "글을 의문문으로 시작하자"이다. 다른

하나는 "이렇게 하기 위해 먼저 해야 할 일이 있다"이다.

㈚ • 글을 쓸 때에는 의문형의 화제문(話題文)을 문단의 앞에 제시하고, 그에 답하는 방식으로 써 나가는 것이 좋다.

• 의문형으로 글을 쓰기 위해서는 먼저 할 일이 있다.

㈛ 힘 3 - 증명(사실/사례), (예)

㈜ 첫 번째 문단은 1-2-3-4, PREP법이다. 두 번째는 1-2-3으로 소주제-설명-사례이다. 이렇게 글의 구조를 힘문단의 구조에 맞추면 아래에서 보듯이 강력한 힘을 발휘하는 문단을 간단하게 만들 수 있다.

대화로서의 글쓰기

글을 쓸 때에는 의문형의 화제문(話題文)을 문단의 앞에 제시하고, 그에 답하는 방식으로 써 나가는 것이 좋다. 왜냐하면 앞에서 배웠듯이 독자로 하여금 의문을 제기하고 그 답을 찾으면서 글을 읽을 수 있도록 하는 것이 효과적이기 때문이다. 따라서 문단의 시작을 "○○은 무엇인가", "△△에 대하여 생각해 보자", "○○이 □□라면 어떻게 될까?" 등과 같이 하는 것이다. 이 방법으로 "독서의 필요성"을 설명하는 한 문단의 글을 써 보자.

의문형으로 글을 쓰기 위해서는 먼저 할 일이 있다. 독자와 대화하는 것이다. 예를 들면 이런 것들이다.

　(1) 어떤 독자를 대상으로 할 것인가?

(2) 글을 쓰는 목적을 어디에 둘 것인가?
(3) 필자의 의도는 어떻게 설정할 것인가?

좋은 글 나쁜 글 보기 – ❷
기고

신문에 투고하거나 잡지에 게재하는 글은 실용문에서 중요한 부분을 차지한다. 정보나 지식을 전달하기 때문이다. 이런 글은 5문단 – 기본 에세이 형식을 취한다. 서론 $1'$-본론 $2'$(2-3-3)-본론 $2'$(2-3-3)-본론 $2'$(2-3-3)-결론 $4'$의 형식이다.

  여기에 소개된 글은 잘 쓴 글이다. 이 글에 힘글쓰기 원칙을 적용해 보면 잘 쓴 글은 신기하게도 힘글쓰기 원칙과 일치하는 것을 확인해 볼 수가 있다. 이 밖의 수확도 있는데 유명인이 쓴 글이라 할지라도 힘글쓰기의 원칙에 견주어 보면 어느 부분을 개선해야 할지 보이기 시작한다. 이 얼마나 강력한 힘인가!

4문단 형식의 힘글 — 잘 쓴 글

글 못쓰는 교수들

〈문단1〉 월간지 편집 일에 종사하다 보니 각계각층 사람들로부터 원고를 받아 처리하는 경우가 많다. 작가에서부터 교수·연구원·방송인·공무원, 그리고 주부와 농민 등에 이르기까지 다양한 이들로부터 원고를 입수한다. 그들이 써온 것을 정성껏 고쳐 잡지에 예쁘게 편집해 넣는 게 편집자들의 역할이다.

〈문단2〉 나는 거의 17년간 이런 일을 계속해 왔다. 그런데 한 가지 이해할 수 없는 점은 여러 직업인들 가운데 대학교수가 대체로 글을 잘 못쓰는 부류에 속한다는 사실이다.

〈문단3〉 내 경험에 비춰볼 때 교수의 작문실력은 전체 필자의 중간 정도 가기도 힘들었다. 교수 10명 중 7~8명은 한글맞춤법을 몰라도 너무 모른다. 원고를 읽다 보면 도대체 어느 것이 주어이고 술어인지 구분하기 어려운 경우가 있다.

〈문단4〉 문장이 축축 늘어져 한 문장을 두세 토막으로 나눠야 하는 때도 종종 있다. 구성이 근본적으로 잘못된 원고도 심심찮게 만난다. 그러다 보니 어느 때는 원고를 전체적으로 다시 써 줘야 하는 답답한 상황도 벌어진다.

〈문단5〉 서울의 유수한 대학, 그것도 국문과에 적을 둔 교수이면서 시인이기도 한 이가 맞춤법이 엉망인 원고를 보내와 충격을 받은 기억도 있다.

〈문단6〉 어떤 교수는 한글맞춤법의 중요성을 강조한 원고 속에 '맞춤법'을 '마춤법'으로 표기한, 웃지 못할 일도 있다. 그런 이들이 대입 수험생들에게 논술고사를 요구하는 아이러니컬한 현실이다.

〈문단 7〉 교수는 말과 글과 연구를 생명으로 삼아야 하는 계층일 것이다. 그들의 부실한 작문실력은 잘못된 교수임용정책과도 관련이 있지 않을까 하는 생각을 갖게 된다. 　　　　　　박중곤 월간 『전원생활』 편집장

질문_

㉮ 속독이 의외로 어렵다. 문단 나누기가 제대로 되어 있지 않기 때문이다. 문단 나누기를 제대로 해보자. 4개 문단이 적당하다.

㉯ 7개의 문단은 의도된 것일까? 실수일까?

㉰ 4개 문단에서 소주제문 4개를 찾아라.

㉱ 글 전체는 각 문단의 힘이 숫자로 $1'-(\ )-(\ )-(\ )$이다. 그림으로 된 글의 구조도는 (　)이다. 이를 더욱 상세히 전개하면 $1'-2'[2-(\ )-(\ )-(\ )-(\ )-(\ )]-2'[2-(\ )-(\ )]-4'$이다.

㉲ 서론은 배경과 주제문으로 이루어져 있다. 주제문이 제일 마지막에 위치하는 미괄식이다. 배경설명은 주제를 드러내기 위해 필요한 (　)의 설명에 국한하고 있다.

㉳ 본론은 두 개의 문단이다. 따라서 두 개의 소주제문이 두괄식으로 앞에 나와 있다. 이 둘을 주제와 함께 정리해 보고 첫 번째 소주제를 쓰자.

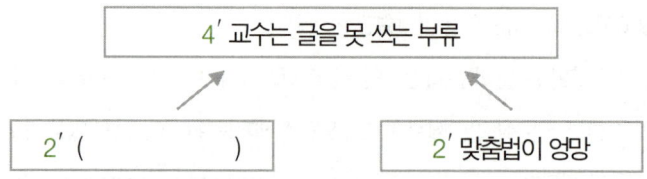

㉔ 정리해 놓고 보니 첫 번째 소주제가 제 구실을 하고 있지 못하다. 이 문장을 어떻게 처리하는 것이 좋을까?
㉕ 의미상 첫 번째 소주제를 찾아보자. 이를 바탕으로 소주제문 두 개를 적어보자.
㉖ 첫 번째 소주제에서 '한글맞춤법'이 이상하지 않은가? 두 번째 소주제와 중복되고, 뒷받침문장을 대변하는 표현도 아니다. 정확한 표현을 할 수 있는 적확한 단어를 찾아보자.
㉗ 수정한 소주제문 4개를 나열하고 1′-2′-2′-4′ 형식을 확인하자. 이렇게 놓고 보니 이 글은 논리적으로 (   )법이다. 제일 간단한 형식이다.
㉘ 소주제문의 문장이 '축축 늘어진 부분'이 있다. 이것마저 고쳐 보자.

답_
㉮ 문단 새로 나누기

문단 2는 문단 1의 뒤에 붙어 하나의 문단 1′을 이룬다. 마찬가지로 문단 4는 문단 3의 뒤에 붙어 문단 2′를, 문단 6은 문단 5의 뒤에 붙어 문단 3′을 이룬다.

㉯ 의도된 것이다. 신문은 글의 폭이 좁다. 한 줄에 들어가는 글자의 수가 책이나 문서의 반 정도이다. 하나의 소주제를 다루는 문단의 원칙에 충실하다 보면 한 문단이 매우 길어져 모양도 나쁘고 읽기도 힘들어진다. 신문은 편집 시에 이러한 상황을 고려해서 의미상 하나의 문단을 형식상으로 2~3개로 나눈다.

㉰ 소주제문 4개
- 대학교수가 대체로 글을 잘 못쓰는 부류에 속한다는 사실이다.
- 교수의 작문실력은 전체 필자의 중간 정도 가기도 힘들었다.
- 교수이면서 시인이기도 한 이가 맞춤법이 엉망인 원고를 보내와 충격을 받은 기억도 있다.
- 부실한 작문실력은 잘못된 교수임용정책과도 관련이 있지 않을까 하는 생각을 갖게 된다.

㉱ 문단 구조는 $1'-(2')-(2')-(4')$이다. 본문은 $(2')-(2')$이다. 5문단-기본 에세이는 본문이 $2'-2'-2'$로 3개의 문단이나, 실용문에서는 2개의 문단으로 이루어지는 간단한 구조가 의외로 많다. 그림으로 된 글의 구조도는 (조직도)이다. 상세구조는 $1'-2'[2-3-3-3-3-3]-2'[2-3-3]-4'$이다.

㉲ 최소한

㉳ 첫 번째 소주제인 '교수의 작문 실력은 전체 필자의 중간 정도 가기도 힘들었다'를 정리하면

| $2'$ 작문 실력은 평균 이하 |

㉕ 첫 번째 소주제문은 뒤따라 나오는 뒷받침문장들을 대변하는 문장이 아니다. 서론의 단순 보충이다. 오히려 주제문(1)에 더 가깝다. 따라서 이 문장은 앞의 문단 제일 마지막으로 옮겨 주제문으로 하는 것이 낫다.

㉖ '한글맞춤법을 너무 모른다(2)'이다. 따라서 소주제문은 다음과 같다.
- 교수 10명 중 7~8명은 한글맞춤법을 몰라도 너무 모른다.
- 교수이면서 시인이기도 한 이가 맞춤법이 엉망인 원고를 보내와 충격을 받은 기억도 있다.

㉗ '문장 구조' 정도가 좋겠다. '한글맞춤법'과 '맞춤법'은 수평적으로 '중복'이다. 힘글의 원리를 적용하면 이 부분의 단어가 잘못되어 있는 것이 금방 눈에 띈다.

㉘ (귀납)법. 뒷받침 사례가 두 개만 있는 가장 간단한 형식의 귀납법이다.

㉙ '충격을 받은 기억도 있다'보다 '충격을 받았다'가 더 힘이 있다. 글은 군더더기가 있으면 힘이 약해진다. 마찬가지로 '교수임용 정책과도 관련이 있지 않을까 하는 생각을 갖게 된다'도 책임을 면하려는 표현이다. '교수임용 정책과도 관련이 있다'라고 해야 한다. 주장은 분명하고 단호해야 한다.

이렇게 수정한 것을 반영하여 글을 다시 쓰면 다음과 같다. 수정한 부분은 밑줄을 그어 표시하였고, 녹색 글자는 소주제문이다.

글 못쓰는 교수들

월간지 편집 일에 종사하다 보니 각계각층 사람들로부터 원고를 받아 처리하는 경우가 많다.

작가에서부터 교수 연구원 방송인 공무원, 그리고 주부와 농민 등에 이르기까지 다양한 이들로부터 원고를 입수한다. 그들이 써 온 것을 정성껏 고쳐 잡지에 예쁘게 편집해 넣는 게 편집자들의 역할이다. 나는 거의 17년간 이런 일을 계속해 왔다. 그런데 한 가지 이해할 수 없는 점은 여러 직업인들 가운데 대학교수가 대체로 글을 잘 못쓰는 부류에 속한다는 사실이다. **내 경험에 비춰 볼 때 교수의 작문 실력은 전체 필자의 중간 정도 가기도 힘들었다.** (위치이동)

교수 10명 중 7~8명은 문장구조를 몰라도 너무 모른다. 원고를 읽다 보면 도대체 어느 것이 주어이고 술어인지 구분하기 어려운 경우가 있다. 문장이 축축 늘어져 한 문장을 두세 토막으로 나눠야 하는 때도 종종 있다. 구성이 근본적으로 잘못된 원고도 심심찮게 만난다. 그러다 보니 어느 때는 원고를 전체적으로 다시 써 줘야 하는 답답한 상황도 벌어진다.

서울의 유수한 대학, 그것도 국문과에 적을 둔 교수이면서 시인이기도 한 이가 맞춤법이 엉망인 원고를 보내와 충격을 받았다. 어떤 교수는 한글 맞춤법의 중요성을 강조한 원고 속에 '맞춤법'을 '마춤법'으로 표기한, 웃지 못할 일도 있다. 그런 이들이 대입 수험생들에게 논술고사를 요구하는 아이러니컬한 현실이다.

교수는 말과 글과 연구를 생명으로 삼아야 하는 계층일 것이다. 그들의 **부실한 작문실력은 잘못된 교수 임용 정책과도 분명히 관련이 있다.**

4문단 형식의 힘글 — 못 쓴 글

신문 논설이나 사설 가운데 못쓴 글을 찾아내어 이를 수정하는 과제를 학생들[26]에게 부여하였다. 요즘 학생들이 하도 글에 대한 안목이 없어 제대로 과제를 수행할 수 있을지 나 자신 확신이 가지 않았다. 그러나 이런 생각은 기우였다. 학생들이 아주 쉽게 과제를 수행하였다. 다음의 글은 학생들이 수정한 사설 가운데 가장 간단한 것을 소개한다. 우선 원문이다.

노인 요양보장제도, 철저한 준비를

〈문단 1〉 정부와 열린우리당은 치매·중풍 등과 교통사고 등으로 장기 요양이 필요한 65세 이상 노인에게 다양한 서비스를 제공하는 '노인요양보장제도'를 이르면 2007년부터 시행하기로 결정했다. 현행 건강보험과는 별도로 노인요양비를 제공하는 선진국형 복지제도로서 건강보험재정과 국고보조, 이용자의 저렴한 비용 부담 등으로 요양시설이나 집에서 간병·수발·목욕·재활 등의 서비스를 받게 된다.

〈문단 2〉 우리나라는 현재 세계에서 유례가 없을 만큼 빠른 노령화 추세를 보이고 있다. 대다수 노인들은 만성질환을 갖기 마련이며, 치매노인만도 현재

---

[26] 영남대 화공과 학생들. 이들은 '공학교육인증제(산업계가 원하는 능력을 공대생이 갖추도록 공대에서 운영하는 인증 프로그램)'의 일환으로 '의사소통기술'을 3학점 이수한다.

34만 명 정도가 된다. 수많은 가정들이 노인 간병에 따른 경제적·심적 고통에 시달리며, 치매 노인을 둔 가정의 경우 가족 모두가 황폐화되고 풍비박산이 돼버리는 사례도 허다하다. 최근 10년 사이 4배 이상 급증한 노인자살도 이와 무관치 않다.

〈문단 3〉 노인요양보장제도 도입은 국민의 건강한 노후를 위한 사회적 안정망 신설이라는 점에서 환영한다. 그러나 넘어야 할 산도 여럿이다. 당장 2년 뒤 최중증 노인 7만 2천 명에 대한 서비스 제공이 연간 7천 500억 원, 2010년엔 14만 7천 명으로 늘리게 돼 연간 1조 4천억이 필요하다.

〈문단 4〉 그 재원을 건강보험 재정 60%, 국고보조 20%, 이용자 20%의 비율로 분담한다는 것인데 보험료를 더 내야만 하는 국민들로부터의 합의도출은 물론 20, 30대 젊은 층에서 있을 수 있는 반발도 다독거려야 할 문제이다.

〈문단 5〉 매년 100곳씩 새로 짓겠다는 노인요양시설 확충과 전문인력 확보도 재원마련 등 결코 간단치 않은 문제다. 계획의 큰 틀은 세워졌다. 너무 성급하게 서둘러 시행착오를 겪지 않도록 차근차근 철저히 준비하는 자세가 필요하다.

매일신문(2005. 5. 24)

학생들이 지적한 이 글의 문제점은 다음과 같다.

첫째, 문단 나누기가 제대로 되어 있지 않다. 문단 4는 문단 3의 연속이지만 따로 독립문단으로 되어 있는 것을 편집상의 이유로 이해한다

(신문은 글의 폭이 좁아 의미상의 한 문단을 형식적으로 2~3개 문단으로 한다). 문단 5가 잘못되어 있다. 문단 5의 첫 문장도 의미상으로 문단 4의 연속이다. 따라서 이 문장은 앞 문단으로 이동해야 한다.

둘째, 이 글은 제도의 소개(1´) – 제도의 필요성(2´)과 앞으로 과제(2´) – 준비(4´)라는 간단한 논리 구조이다. 그런데 주제를 소개하는 주제문이 너무 길고 적절하지 않다. 또 본문에서도 소주제문들이 적절하지 않다. 따라서 이 세 문장을 소주제문의 형식으로 고친다.

〈문단 1´의 주제문〉
현행 건강보험과는 별도로 노인요양비를 제공하는 선진국형 복지제도로서 건강보험재정과 국고보조, 이용자의 저렴한 비용 부담 등으로 요양시설이나 집에서 간병·수발·목욕·재활 등의 서비스를 받게 된다.(1)
→ 현행 건강보험과는 별도로 노인요양비를 국고에서 보조하는 선진국형 복지제도이다. 따라서 이용자는 저렴한 비용으로 요양시설이나 집에서 간병·수발·목욕·재활 등의 서비스를 받게 된다.(1)

〈문단 2´의 소주제문〉
우리나라는 현재 세계에서 유례가 없을 만큼 빠른 노령화 추세를 보이고 있다.(2)
→ 우리나라는 현재 세계에서 유례가 없을 만큼 빠른 노령화 추세를 보이고 있어 심각한 문제점들이 나타나고 있다.(2)

〈문단 2′의 소주제문〉

노인요양보장제도 도입은 국민의 건강한 노후를 위한 사회적 안정망 신설이라는 점에서 환영한다. 그러나 넘어야 할 산도 여럿이다.(2)

→ 노인요양보장제도 도입은 국민의 건강한 노후를 위한 사회적 안정망 신설이라는 점에서 환영하나 넘어야 할 산도 여럿이다.(2)

셋째, (저자가 보완해 준 사항) 첫 번째 소주제문에서 '문제점'이라는 단어가 추가되었다. 그러고 보면 '문제'라는 단어가 뒤에서 두 번이나 더 나온다. 단어의 중복 사용은 바람직하지 않다. 단어를 정비하면서 문맥상 적절하지 않은 표현 '노인요양시설 확충과 전문인력확보도 재원마련' 등을 개선한다.

〈문단 4′〉

20, 30대 젊은 층에서 있을 수 있는 반발도 다독거려야 할 문제이다. 매년 100곳씩 새로 짓겠다는 노인요양시설 확충과 전문인력 확보도 재원마련 등 결코 간단치 않은 문제다.

→ …… 과제이다. …… 노인요양시설 확충과 이에 따른 전문인력 확보 및 재원마련 등도 결코 간단치 않은 숙제다.

이렇게 해서 신문 사설을 고쳐 보면 다음과 같다. 문장의 위치가 바뀌거나 고친 부분은 밑줄을 그어 표시한다.

노인 요양보장제도, 철저한 준비를

정부와 열린우리당은 치매·중풍 등과 교통사고 등으로 장기 요양이 필요한 65세 이상 노인에게 다양한 서비스를 제공하는 '노인요양보장제도'를 이르면 2007년부터 시행하기로 결정했다. 현행 건강보험과는 별도로 노인요양비를 국고에서 보조하는 선진국형 복지제도이다. <u>따라서 이용자는 저렴한 비용으로 요양시설이나 집에서 간병·수발·목욕·재활 등의 서비스를 받게 된다.</u>

<u>우리나라는 현재 세계에서 유례가 없을 만큼 빠른 노령화 추세를 보이고 있으며 이로 인해 심각한 문제점들이 나타나고 있다.</u> 대다수 노인들은 만성질환을 갖기 마련이며, 치매노인만도 현재 34만 명 정도가 된다. 수많은 가정들이 노인 간병에 따른 경제적·심적 고통에 시달리며, 치매 노인을 둔 가정의 경우 가족 모두가 황폐화되고 풍비박산이 돼버리는 사례도 허다하다. 최근 10년 사이 4배 이상 급증한 노인자살도 이와 무관치 않다.

<u>노인요양보장제도 도입은 국민의 건강한 노후를 위한 사회적 안정망 신설이라는 점에서 환영하나 넘어야 할 산도 여럿이다.</u> 당장 2년 뒤 최중증 노인 7만 2천 명에 대한 서비스 제공이 연간 7천 500억 원, 2010년엔 14만7천 명으로 늘리게 돼 연간 1조4천억이 필요하다. 그 재원을 건강보험 재정 60%, 국고보조 20%, 이용자 20%의 비율로 분담한다는 것인데 보험료를 더 내야만 하는 국민들로부터의 합의도출은 물론 20, 30대 젊은 층에서 있을 수 있는 반발도 다독거려야 할 <u>과제이다.</u> 매년 100곳씩 새로 짓겠다는 <u>노인요양시설 확충과 이에 따른 전문인력 확보 및 재원마련 등도 결코 간단치 않은 숙제다.</u>

계획의 큰 틀은 세워졌다. **너무 성급하게 서둘러 시행착오를 겪지 않도록 차근차근 철저히 준비하는 자세가 필요하다.** 매일신문(2005. 5. 24)

4문단 형식의 힘글 - 잘 쓴 글 하나 더

쉽게 쓰기의 어려움

〈문단 1〉 논리적인 문장은 유연성이 없다. 딱딱하고 어려워서 많은 사람들이 그것을 경원하는 경향이 있다. 내가 무슨 용빼는 재주를 가졌다고, 그렇게 경원하는 사람들을 가까이 불러올 수 있을까마는, 그래도 한 가지 마음속에 다짐하고 있는 것은 '쉬운 문장'을 쓰겠다는 것이다.

〈문단 2〉 쉬운 문장을 쓰기 위한 필수적인 조건은 자기가 말하고자 하는 내용을 먼저 자기 자신이 철저히 이해하는 일이다. 지금도 나는 항상 다른 사람들보다도 나 자신이 먼저 납득할 수 있도록 글을 쓴다는 태도로 임한다.

〈문단 3〉 서머셋 몸의 「서밍업」은 나에게 이런 태도를 가르쳐 준 책이다. 거기에 이런 구절이 있다.

〈문단 4〉 "나는 독자에게, 자기가 쓴 글의 뜻을 이해하도록 노력해 달라고 요구하는 작가들에 대해서는 도저히 참을 수 없다."

〈문단 5〉 독자들에게 이해를 위한 노력을 요구하지 않는 작가의 문장은 물론 쉬운 것이다. 문장을 쉽게 쓰는 일이 내게는 엄청나게 어려워서, 지금도 흰 원고지는 앞서 말한 대로 광대한 사막 같은 느낌으로 다가오는 것이다.
⟨문단 6⟩ 몸은 쉽게 쓰는 좋은 문장가의 표본으로서 여류 작가 콜레트 가브레일을 들고 있다. 몸이 소개한 콜레트의 이야기는 매우 인상적이다.
⟨문단 7⟩ 콜레트는 몸에게 이렇게 한탄했던 것이다.
⟨문단 8⟩ "내가 문장을 쉽게 쓴다고 하지만, 나 자신은 하루 종일 걸려 반 페이지도 못쓰는 날이 너무나 많다."
⟨문단 9⟩ 나는 콜레트의 문장을 아직 읽어 본 적이 없다. 그러나 몸이 소개한 그녀의 이 탄식은 커다란 위안이 되고 있다.   이형기(시인)

질문_

㉮ 9개의 문단이다. '한 문장으로 된 한 문단'이 3군데 있다. 이 문장들을 찾아내자.
㉯ 골라낸 3문장 가운데 '한 문장으로 된 한 문단'이 될 수 있는 것이 있다. 어느 것이며, 왜 그런가?
㉰ '한 문장으로 된 한 문단'이 될 수 없는 문장은 어느 것인가? 어떻게 수정하면 좋겠는가?
㉱ 이번에도 의미상으로 문단 나누기를 해 보자. 문단이 몇 개인가? 소주제문을 찾아보자.
㉲ 의미상 문단은 4개이고 형식상 문단은 '(9개의 문단) − (3개의 '한 문장으로 된 한 문단') = (6개의 문단)'이다. 문단 2개가 더 있다. 이 문단은 신문에서 편집상, 독자가 보기 편하도록 의도적으로 문단나

누기를 한 부분이다. 어느 곳인가?
㉴ 각 문단의 힘이 1′-( )-( )-4′이다. 소주제 두 개는 서로 수평적이어서 논리가 (   )법이다. 그림으로 된 구조도는 (   )이다.
㉵ 소주제1과 소주제2는 접속어가 '하나는', '다른 하나는'과 같은 형식을 취한다. 그런데 소주제2(독자들에게 이해를 위한 노력을 요구하지 않는 작가의 문장은 물론 쉬운 것이다.)의 표현이 그렇지 않다. 저자가 힘글의 지식이 있었다면 소주제문을 교정과정에서 고쳤을 것이다. 소주제문을 어떻게 고치는 것이 좋을까?
㉶ 글의 상세구조를 보면 힘3을 가진 뒷받침문장이 앞 문단에서는 ( )개이고, 뒤 문단에서는 ( )개이다.

답_

㉮ 문단 4, 문단 7, 문단 8이다.
㉯ 인용문인 문단 4와 문단 8이다. 인용문은 한 문장이라도 독립문단을 이룬다. '아니오'와 같은 한 단어도 독립문단이다. 독립문단은 이 밖에도 글의 큰 흐름을 바꾸는 '전환문단'에도 쓰인다. 예를 들면 "봄이 왔다"이다.
㉰ 문단 7의 "콜레트는 몸에게 이렇게 한탄했던 것이다"는 잘못된 문단이다. 앞쪽으로 당겨 앞 문단과 한 문단을 이루어야 한다.
㉱ 의미상의 문단이 4개 나온다. 소주제문은

- 그래도 한 가지 마음속에 다짐하고 있는 것은 '쉬운 문장'을 쓰겠다는 것이다.(1)

- 쉬운 문장을 쓰기 위한 필수적인 조건은 자기가 말하고자 하는 내용을 먼저 자기 자신이 철저히 이해하는 일이다.(2)
- 독자들에게 이해를 위한 노력을 요구하지 않는 작가의 문장은 물론 쉬운 것이다.(2)
- 몸이 소개한 그녀의 이 탄식은 커다란 위안이 되고 있다.(4)

㉤ 문단 3과 문단 6이다.
㉥ 1'-(2')-(2')-4', 논리는 (귀납)법, 그림으로 된 구조도는 (조직도)
㉦ 독자들에게 이해를 위한 노력을 요구하지 않는 작가의 문장은 물론 쉬운 것이다.
　→ 쉬운 문장을 쓰기 위한 다른 조건은 독자들에게 이해를 위한 노력을 작가가 요구하지 않도록 문장을 쓰는 것이다.
㉧ 4개, 5개

5문단 형식의 힘글

이제까지는 1'-2'-2'-4' 형식의 4문단의 글을 알아보았다. 이번에는 다소 복잡한 글의 구조를 다루어 본다. 여기서부터는 잘된 글만을 가지고 평가한다. 못쓴 글을 예로 들면 설명이 굉장히 복잡해지는 단점이 있기 때문이다. 앞에서 배운 글의 구조도 활용해 본다.

　다음의 예문을 읽어 보자. 영어 5문단-기본에세이에서 본 것처럼 예문에서는 원문과 달리 주제문(1)은 녹색의 굵은 서체이고, 소주제문(2)

은 녹색의 보통 서체로 되어 있다. 주제를 다시 드러내는 결론의 주제문(4)도 녹색의 굵은 서체로 표시하였다.

글쓰기가 제일 무서워

〈문단 1〉 기술관료 출신 임재춘 영남대 객원교수가 쓴 『한국의 이공계는 글쓰기가 두렵다』(도서출판 마이넌)라는 책이 있다. 요컨대 이공계 위기의 상당부분이 '테크니컬 라이팅(technical writing)'의 부족에 있고, 이공계가 살아남기 위해서 글쓰기부터 배우라고 역설하는 책이다. 공감한다.

〈문단 2〉 테크니컬 라이팅이란 간단히 정의해 '복잡하고 어려운 기술적 내용을 누구나 이해하기 쉽게 전달하는 논리적 글쓰기'이다. 한데 나는 이 '테크니컬'을 중의적으로 읽는다. 즉, 글쓰기(writing)의 대상(technology)을 의미하는 동시에 글 쓰는 방법(technically)도 뜻한다고 믿는다. 어려운 기술적 내용을 재미있는 비유를 들어서 일반인들의 귀에도 쏙쏙 들어오게, 즉 '기교있게'(technically) 쓸 수 있다면 금상첨화가 아닌가 싶다. **특히 IT분야는 핵심 내용이 소프트웨어 코드 내에 있기 때문에, 이를 유저들과 의사소통이 가능한 고급언어로 만드는 '기술글쓰기'는 너무도 중요하다.**

〈문단 3〉 과학기술분야에서 '기술글쓰기'가 매우 중요하다는 사실은 우리 '공돌이'들도 너무나 잘 알고 있다. 그런데도 제대로 안 되는 이유가 뭘까? 간단하다. 글을 조리 있게 쓰기는커녕 제대로 된 어법이나 맞춤법에 맞게 쓸 줄 아는 엔지니어도 없기 때문이다. 명문대를 나와 전문직에 종사하는데 어법에 맞는 글도 못 쓴다고? 농담이겠지…… 하겠지만 불행히도 사실이다.

〈문단 4〉 **그럼 왜 글을 못 쓸까?** 써 본 적이 있어야 말이지. 초·중·고 내내 글쓰기 훈련은 받은 적도 없었고 대학 들어가도 이공계 학생들에게 글 쓰라고 하는 과목은 없다. 그래서 이력서에 채팅할 때나 쓰던 은어나 비문을 옳은 단어, 옳은 문장인 줄 알고 섞어 쓸 정도이니 말해 무엇하랴(차라리 연애편지라도 써 본 이공대생이라면 그나마 나을 것이다).

〈문단 5〉 새 기술을 개발하면 그 기술에 대한 사회적 공유가 필요하다. 무엇보다 얼마나 가치 있는 기술인지를 설득하는 것도 필요하다. 그 공유의 방법이 글쓰기다. 새 제품이 제대로 상품이 되려면 그 제품에 대한 지식이 회사 내에 공유돼야 가능하다. 또 자꾸 글로 지식을 남겨야 그게 쌓여서 경쟁력이 되지 않겠는가. 즉, 개발자가 최초의 글쓰기를 제대로 해야 사회적 평가건, 투자건, 마케팅이건, 판매전략이건 제대로 된다는 소리다.

〈문단 6〉 이공계에서도 논술시험 보게 하고 인문대처럼 글쓰기 훈련도 필수과목이 돼서 기교가 뛰어난(테크니컬) 문장가는 아니더라도 적어도 **'자기가 아는 걸 말은 되게 쓰는 훈련'은 받아야 한다**고 생각한다. 이러한 최소한의 글쓰기(미니멈 라이팅) 훈련이 안 된다면 '기술 중심의 글로벌 경쟁력'은 헛구호일 뿐이다.

정연수(인프니스 수석연구원)

잘 쓴 글이다. 글쓴이의 개성이 드러나고 읽는 맛도 있는 글이다. 신문의 시론으로 손색이 없다. 이 글을 만약 '효과적인 의사전달'을 최우선으로 하는 힘글쓰기 기법에 적용하여 본다면 글이 얼마나 바뀔까?

해보면 제법 많이 바뀐다. 이를 확인하기 위해 우선 핵심문장 5개를 나열해 보자.

글쓰기가 제일 무서워

....

.... 특히 IT분야는 핵심 내용이 소프트웨어 코드 내에 있기 때문에, 이를 유저들과 의사소통이 가능한 고급언어로 만드는 '기술글쓰기'는 너무도 중요하다. (1)

과학기술분야에서 '기술글쓰기'가 매우 중요하다는 사실은 우리 '공돌이'들도 너무나 잘 알고 있다. 그런데도 제대로 안 되는 이유가 뭘까? (2) ....

....

그럼 왜 글을 못 쓸까? (2) ....

....

새 기술을 개발하면 그 기술에 대한 사회적 공유가 필요하다. 무엇보다 얼마나 가치 있는 기술인지를 설득하는 것도 필요하다. (2) ....

....

.... '자기가 아는 걸 말은 되게 쓰는 훈련'은 받아야 한다 (4)고 생각한다. ....

개선점1

문단 1과 문단 2는 의미상 하나의 문단이고 서론이다. 서론의 주제문(1)이 미괄식, 본론 세 문단의 소주제문이 두괄식으로 되어 있어 5문단-기본에세이 형식에 잘 맞는다. 다만 결론의 소주제문(4)이 미괄식에서 한 문장 벗어나 있어 개선이 필요하다.[27]

개선점2

소주제문은 전체 문단을 대표하는 글로서 한 문장으로 이루어진다. 그런데 문단 3과 문단 4의 소주제문은 그렇지 않다.

- 〈문단3〉 "과학기술분야에서 '기술글쓰기'가 매우 중요하다는 사실은 우리 '공돌이'들도 너무나 잘 알고 있다. 그런데도 제대로 안 되는 이유가 뭘까?"
  → 글쓰기가 제대로 되지 않는 첫 번째 이유는 직장인이 글을 쓸 줄 모른다는 것이다.
- 〈문단4〉 그럼 왜 글을 못 쓸까?

---

[27] 사실 이런 개선에 충분히 이론(異論)이 있을 수 있다. 결론의 제일 마지막 문장인 "이러한 최소한의 글쓰기(미니멈 라이팅) 훈련이 안 된다면 '기술중심의 글로벌 경쟁력은 헛구호일 뿐이다"를 주제문(4)으로 하면 되지 왜 굳이 앞의 문장이냐고 하는 항의이다. 이에 대한 나의 답변은 다음과 같다.
"주제문은 주장이다. '헛구호'가 은유와 비유를 통한 주장임에는 틀림없다. 문학적인 글에서는 이러한 감정표현이 자연스럽고 실용문도 아주 고차원적인 맛을 가미하는 경우에 이렇게 써도 된다. 정확한 의사전달을 생명으로 하는 실용문을 쓸 때에는 여기에서처럼 '기계적'으로 하는 것이 좋다는 뜻이다."

→ 글쓰기가 안 되는 두 번째 이유는 학교에서도 배우지 않았기 때문이다.

개선점3

정보배열순서가 매끄럽지 못하다. 문단 3-4-5가 본문인데, 이것을 글의 구조도에 한번 넣어 보면 논리가 매끄럽지 않다.

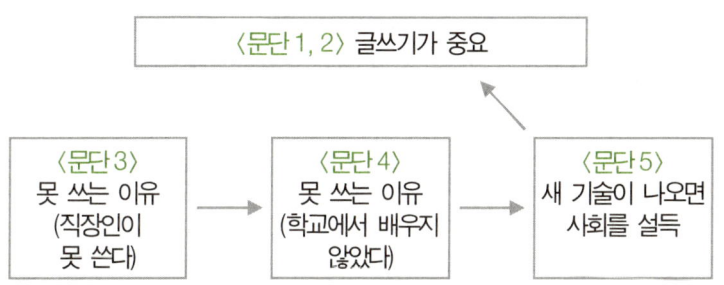

논리적인 순서를 오른쪽과 같이 바꾸는 것이 낫다.

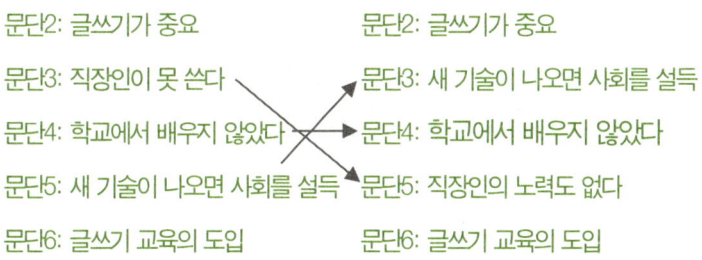

이렇게 정보를 재배열하면 자연스러운 3단논법이 된다.

```
        ┌─────────────────────────┐
        │ 〈문단 1, 2〉 글쓰기가 중요 │
        └─────────────────────────┘
                    ↑
┌──────────┐   ┌──────────┐   ┌──────────┐
│ 〈문단 3〉│   │ 〈문단 4〉│   │ 〈문단 5〉│
│새 기술이 │ → │못 쓰는 이유│ ↔ │못 쓰는 이유│
│나오면    │   │(학교에서  │   │(직장인의  │
│사회를 설득│   │배우지     │   │노력도     │
│          │   │않았다)    │   │없다)      │
└──────────┘   └──────────┘   └──────────┘
```

개선점4

주제문과 소주제문을 정확하게 적는다. 또 주제문과 소주제문을 되도록 짧은 문장으로 한다.

개선점5

이런 개선점들을 반영하여 1′-2′-2′-2′-4′의 형식으로 주제문과 소주제문을 다시 배열한다.

- 과학기술분야에서 '기술글쓰기'는 매우 중요하다.(1)
- 새 기술을 개발하면 그 기술에 대한 사회적 공유가 필요하다.(2)
- 그런데도 제대로 안 되는 첫 번째 이유가 학교에서 배우지 않았기 때문이다.(3)
- 두 번째 이유는 직장인의 노력도 없다는 것이다.(2)
- '자기가 아는 걸 말은 되게 쓰는 훈련'은 받아야 한다.(4)

이렇게 기계적으로 해야 하나?

글이 논리적·기계적이면 딱딱하다. 글의 맛이 없다. 논리적으로 어렵게 쓰지 않고 대강 써 놓아도 읽는 사람은 알아본다. 그래서 많은 사람이 글은 되도록 부드럽게, 형식의 틀을 무시하고 쓰는데 무엇이 잘못된 것인가? 하고 반문할 수 있다.

이에 나의 대답은 세 가지이다.

첫째는, 글이 논리적·기계적이면, 글을 읽는 사람은 핵심정보를 약속된 위치에서 찾아내 빠르게 이해한다. 속독이 가능하다. 또 글의 구조가 논리적이라 정확하고 쉽게 이해한다.

둘째는, 사람들은 점점 읽을 시간이 없다는 것이다. 정보가 넘쳐나고 있다. 정보가 매년 늘어나는 속도도 빨라 아예 해일처럼 몰려오고 있다. 속도가 경쟁인 시대라 사람들은 시각적인 정보에 더욱 의존한다. 재미를 주는 글이라면 사람들은 한가로이 글을 읽지만 정보를 전달하는 글이라면 독자가 글을 읽으리라는 보장이 없다.

셋째는, 기본틀은 반드시 익혀 놓아야 한다는 것이다. 기본틀을 충분히 자기 것으로 만든 후 기교를 부리더라도 부리라는 것이다. 어떤 운동이라도 기본 폼을 정식으로 배워 두지 않으면 실력도 늘지 않고 끝까지 고생한다.

그래서 미국에서는 글도 공학적으로 접근하면서 이를 문장공학(Sentence Engineering)이라고 한다. '효과적인 의사전달'을 위해서 3C(Correct, Clear, Concise), 즉 '정확하고, 쉽고, 간결하게'를 실용적인 글쓰기의 원리로 삼고 있다.

5문단 형식의 힘글 — 하나 더

기본 에세이 형식을 빌려 저자가 하이, 파이브! 숫자에 맞추어 기계적으로 글을 써 보았다. 글쓰기가 이렇게 쉬울 수가 없었다. 원고를 써 놓고, 글 고치기를 하려고 보니 고칠 부분이 거의 없었다. 힘글쓰기를 알기 전에는 여러 번 고치는 것이 다반사였다. 힘글쓰기는 이처럼 편리하고 강력한 것임을 체험하고 있다.

  이 글은 분석하는 작업이 다소 복잡하다. 따라서 초심자는 이 부분을 건너뛰거나 가벼운 마음으로 읽는 것이 좋다. 괜히 힘글쓰기가 어렵다는 인상을 줄 가능성이 있기 때문이다. 힘글쓰기를 제대로 하고 싶은 사람만 다소 힘겨운 수업을 하기 바란다.

의사도 '의사소통기술'이 필수다

〈문단 1〉 필자는 몇 년 전부터 기술글쓰기(technical writing) 기법을 개발하여 보급하고 있다. 기술글쓰기는 글쓰기에 취약한 이공계 기술자나 과학자가 15시간 정도의 짧은 시간만 배우면 글쓰기의 핵심을 파악하여 두려움 없이 글을 쓰게 하는 기법이다. 이 과정에서 의사소통기술의 상당부분도 깨닫게 된다. 필자는 2004년부터 인제의과대학의 초빙을 받아 '의사소통기술'을 가르치고 있다. **이는 의사도 이제 '의사소통기술'이 필수라는 대세가 반영된 것이다.**

〈문단 2〉 왜 그럴까? 그 이유는 첫째, **의사는 의사소통에 매우 취약하여 의료사고가 자주 발생한다.** 사용하는 언어가 외래어, 전문용어, 약어인데다 늘 바쁘기 때문이다. 거기다 병원조직 안에서 의사는 권력관계에서 강력한 '갑'이다 보니 '을'인 간호사나 기사가 의사 지시에 이해되지 않는 부문이 있어도 이를 다시 한번 의사에게 물어볼 수 없는 문화가 팽배해 있다. 그러다 보니 의료사고가 나는 것이다.

〈문단 3〉 예를 들면 다음과 같다. 의사가 간호사에게 중이염 환자에 대한 투약을 지시하면서 'Place in R ear'라고 투약지시서에 기재하는 것이다. 'Right'에 대한 약어를 'Rt'로 적으면 그래도 나은데 'R'로 적는 것이다. 이를 받아본 간호사는 이해가 되지 않지만 자기 나름대로 'Place in Rear'로 해석해서 '이 환자가 열이 많은 모양이지' 하고 항문(Rear는 뒤)에 약을 주입하는 것이다. 이러한 투약지시의 오류가 매일 12%나 되었다고 미국보건성이 발표하였다(『설득의 심리학』 291쪽). 의료사고의 많은 원인이 의사소통문제에서 기인하고 있는 것이다.

〈문단 4〉 둘째, **의사소통능력은 의사의 경쟁력에 결정적인 영향을 미치고 있다.** 예전에는 아는 것이 많거나 의료기술이 뛰어난 의사가 명의(名醫)였으나 지금은 의료지식이나 기술은 평준화가 되어 버렸다. 대학병원 의사나 지방개업 의사나 의료정보는 인터넷을 통해서 손쉽게 접근할 수 있다. 의료기술도 레이저, 로봇, 컴퓨터로 대체되어 손끝에서 나오는 기술이 관여할 수 있는 부분이 점점 적어지고 있다. 이 공백을 메우는 것이 의사소통이다.

홍보에 능한 병원이 일류로 소문이 나고 있다. 이런 병원은 의사의 실력을 여러 명 향상시키기보다는 한 명의 의사를 최고로 만들어 이를 홍보에 활용하는 경우가 많다. 병원에서 설명을 잘해 주는 의사가 환자에게 큰 만족을 준다. 이제는 환자도 많은 의료정보를 가지고 있어 궁금한 것이 이만저만이 아니다. 따라서 일류병원인 ○○의료원은 "진료보다 설명 잘하는 의사가 되자"를 구호로 하고 있다.

이렇게 의사소통기술이 중요한데 의사는 이에 관해 제대로 배운 적이 없다. 의과대학에서 전문 지식은 배우지만 어려운 내용을 환자에게 어떻게 설명하는 것이 효율적인지에 관해 한 번도 관심을 두지 않는다. 같은 질병을 앓더라도 환자가 누군가에 따라 설명하는 방법이 달라야 하는데 대부분 의사는 그렇지 못하다. 그러니 내과의사와 환자의 면담은 69%가 면담시작 18초 이내에 의사가 환자의 말을 가로막는다는 연구 결과가 있다. 3분이면 충분한데도 의사소통기술이 없으니 서둘러 대화를 끊는 것이다.

따라서 의과대학은 최근 의대생에게 의사소통기술을 강조하고 있다. 그러나 문제는 이 분야에 전문가가 없다는 것이다. 그러다 보니 필자까지 초빙되어 이 과목을 맡고 있지만 어디까지나 임시방편이다. 시간에 쫓기는 의대생이 짧은 시간에 글쓰기와 의사소통기술을 필자로부터 배울 수 있지만 필자는 의료전문분야를 모르는 한계가 있다. 빠른 시일 내에 이 문제를 해결할 수 있는 방법을 찾아야 한다. **이 분야를 고민하고 있는 의사와 필자가 당장 '연구회'라도 만들어 '의사의 의사소통기술'을 개발하는 것도 한 방법이다.**

임재춘(저자)

이 글에서 다음 사항을 확인해 보자. 질문에 답을 제대로 할 수 있으면

힘글쓰기 기법은 완전히 습득했다고 할 수 있다.

질문_

㉮ 형식적으로 7개의 문단이나 의미로는 5문단이다. 의미상의 문단을 알면 속독이 된다. 주제문과 소주제문이 5문장으로 되어 있다. 그 위치는?

㉯ 5문단 기본에세이 형식이다. 문단 힘의 형식이 1´-( )-( )-( )-( )이다.

㉰ 이제까지 다룬 글은 구조가 간단하여 본문에서 문장이 2-3-3으로 전개되었으나 이 글은 의미상 소주제 1을 다루는 문단 2와 문단 3에서 문장의 힘이 1-( )-( )-( )이다. 왜 그런가?

㉱ 본문 2´-2´-2´를 정리하면 다음과 같은 구조이다. 의미상 첫 번째 본문 2´와 의미상 두 번째 본문 2´(문단 4와 문단 5)는 같은 성격으로 수평적이다. '중복과 누락' 여부를 확인하면 된다. 반면 의미상 두 번째 본문 2´와 의미상 세 번째 본문 2´(문단 6)는 논리적으로 (   ), 즉 삼단논법이다.

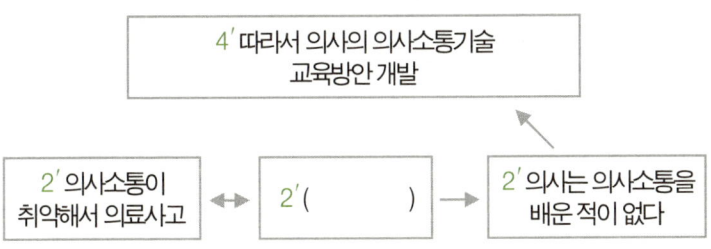

㉣ 첫 번째 본문2′는 '소주제-이유-사례-소주제'의 PREP법이다. 두 번째 본문2′는 어떤 구조인가?
㉥ 세 번째 본문2′는 어떤 구조인가?

답_

㉠ 서론과 결론문단은 마지막 문장이고, 본론은 첫 문장이다.
㉡ 1′-(2′)-(2′)-(2′)-(4′)
㉢ 1-(2)-(3)-(4). 글의 구조가 복잡해지면 문단 안에서 소주제를 1로 삼고 소소주제를 다시 2로 하는 형식이 나타난다. 따라서 본문의 문단은 크게 보면 문장들이 1-2-3-4형식이고, 문장 하나하나에 숫자를 부여한다면 1-2-2-2-3-3-3-3-4로 된다. 문장 3개나 4개가 합쳐져 의미상의 문장 하나를 이루는 것이다.
㉣ (연역법)

> 2′ 의사소통은
> 의사의 경쟁력

㉤ 문단4와 문단5도 크게 보아 PREP법이다.
㉥ 문단6은 크게 보아 'PRE'이다. 마지막에 소주제를 강조하는 부분이 없다.

02 의사전달에 효과적인 쓰기, 발표

손가락을 펴 놓고 하는 글쓰기 훈련은 그 효력이 강력하다. 통상 서너 문장만 넘어 가도 많이 틀리는 미국 아이들도 '하이, 파이브!' 기법만 익히면 거의 틀리지 않는다고 한다. 이렇게 간단한 손가락 기법만 활용해도 직장생활에서 강력한 무기가 된다. 이 기법은 글쓰기에만 국한되는 것이 아니다. 직장에서 하는 보고서 쓰기, 발표하기, 답변하기뿐만 아니라 학생들의 독후감 쓰기, 면접에 이르기까지 의사전달이라면 모든 분야에 적용된다. 몇 가지를 소개한다.

쓰기, 발표에 적용하기 – ❶
제안서, 보고서, 기획서

제안서를 쓰려고 종이를 펼쳐들면 무엇부터 적어야 하는지 막막해하는 직장인이 많다. 정보의 배열 방법을 모르기 때문이다. 다음과 같은 정보가 준비되어 있다면 여러분은 정보의 배열을 어떻게 하겠는가?

> 건의사항, 기대효과, 개선 방안, 목적, 문제점, 배경, 제안 내용, 증빙자료, 추진방안, 필요성 (가나다 순)

대부분의 제안서가 배경 및 필요성으로 시작한다. 잘못된 것이다. 힘글쓰기 원칙을 적용하면 쉽게 순서를 적용할 수 있다. 우선 1-2(3-3-3)-2(3-3-3)-4 형식을 취하고 1-2-2의 논리를 3단논법인 연역법이나 대조법으로 한다. 즉,

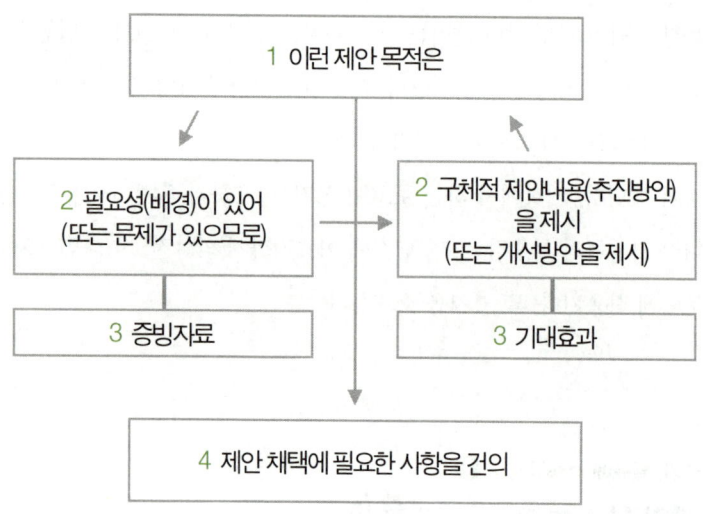

그림으로 표시되는 제안의 구조와 논리를 제안서로 표시하면 다음과 같다.

- 제안 목적 (1: 주장)
- 배경 및 필요성 또는 문제점 (2: 이유) — 증빙 자료 (3: 자료)
- 제안 내용 및 추진방안 또는 개선방안 (2: 방법) — 기대효과 (3: 자료)
- 건의사항 (4: 재주장)

레이건은 캘리포니아 주지사 시절에 모든 보고서는 한 장에 적어 올리도록 하였다. 이 보고서에 포함시키는 내용은 네 가지이다.[28]

- 문제점
- 사실관계
- 분석
- 결론 또는 권고

이 보고서의 유형도 1-2-3-4로 이루어진 '어떻게' 형식이다. 문제점(주제)-사실관계(방법)-분석(자료)-결론(주제)이다. 레이건이 미국에서 훌륭한 대통령으로 평가받은 것은 결코 우연이 아니다. 보고서 하나도 의사전달의 효과성을 극대화시킬 수 있는 능력을 가지고 있었다.

힘글쓰기 원칙을 그대로 기획서나 보고서 쓰기에 반영한 프로그램이 있다. 「Inspiration」이라는 제품이다. 미국 직장인은 60% 이상이 이 소프트웨어를 쓴다고 한다.[29] 유치원에서 대학까지 힘글쓰기를 배웠으니 당연한 결과이다. 「Inspiration」을 어떻게 사용하는지 그 실례를 소개한다.

---

28 『문장표현의 공식』(문장연구사, 장하늘) 119쪽에서 인용.
29 『파워 라이팅』(入部明子, 全日出版) 75쪽에서 인용. 이 제품은 30일간의 무료사용이 가능하다. www.inspiration.com에서 구할 수 있다. 한글도 지원된다.

'Inspiration' : 힘글쓰기 도구

글쓰기는 과정을 중요시하며 과정은 P-O-W-E-R, 즉 P-글쓰기 준비, O-글의 구조, W-쓰기, E-글 고치기, R-다시 쓰기라고 우리는 첫째장의 둘째 절에서 배웠다. 이런 글쓰기 과정을 컴퓨터에서 바로 하는 소프트웨어가 「Inspiration」이다.

발상모으기(Brainstorming)기법을 활용하여 주제와 연상되는 소주제를 발굴한다. 발굴된 소주제는 이를 더욱 상세하게 구체화하여 나간다. 이게 생각지도(mind map)이다. 지도가 있으면 길을 헤매지 않듯이 생각지도는 글을 헤매지 않게 해준다.

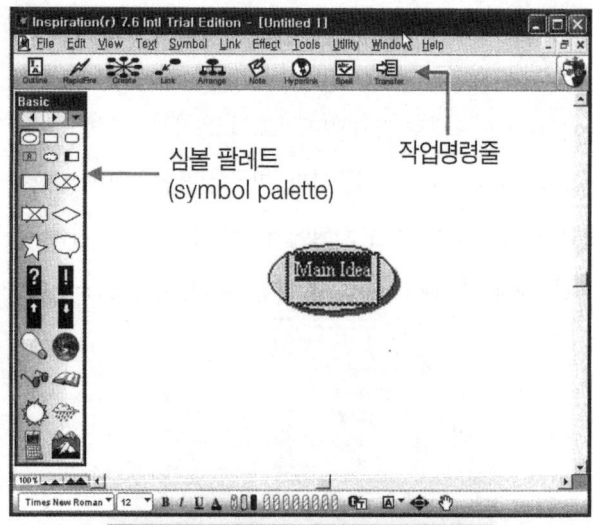

Inspiration 실행 직후 초기 화면

앞의 그림과 같이 프로그램을 실행하면 창 가운데 'Main Idea'라는 개체가 생긴다. 창의 왼쪽에는 상자의 모양을 꾸밀 수 있는 심볼팔레트가 있고, 위쪽에는 작업 명령과 관련된 아이콘이 모여 있다.

생각지도(Mind Map) 만들기

① 심볼팔레트를 이용해서 상자 모양을 바꾸고 Main Idea에 글을 입력하여 힘0을 만든다.

② 작업명령줄에서 Create 아이콘(🟊)을 누르면 다른 글상자가 생기고 화살표로 연결된다. 심볼팔레트를 이용하여 모양을 바꾸고, 적당한 위치로 옮긴 후 힘1을 입력한다.

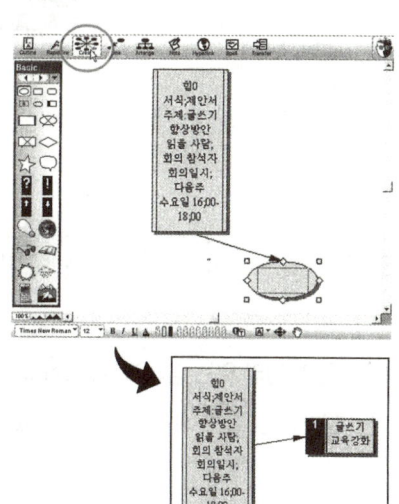

③ 위와 같은 요령으로 1-2-3-4를 차례로 기재한다. 이것을 Link 아이콘
(🔗)을 눌러가며 화살표로 묶는다. 생각지도가 완성되었다.

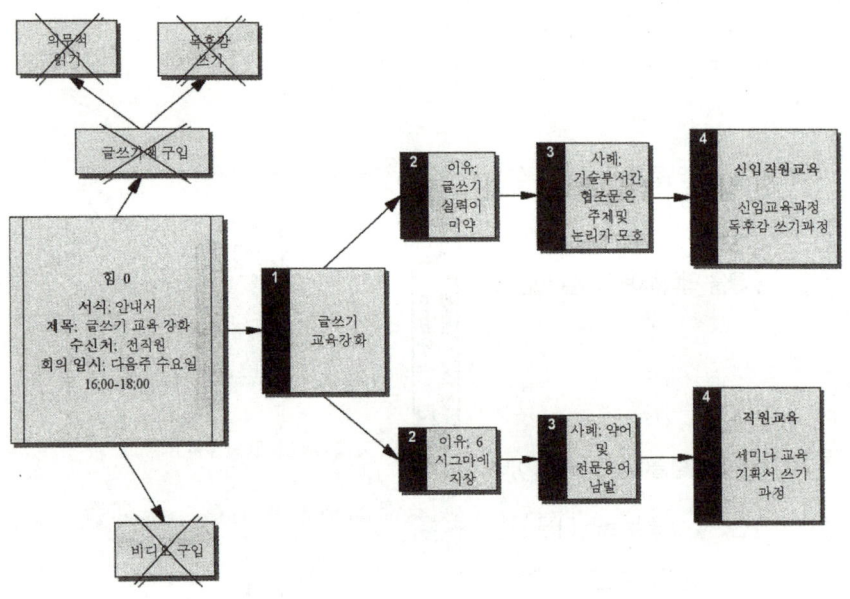

조직도(Organization Chart) 만들기

마인드맵이 열려 있는 상태에서 Arrange 아이콘(⚖)을 선택하면 다음과
같은 조직도(Organization Chart)가 생긴다.

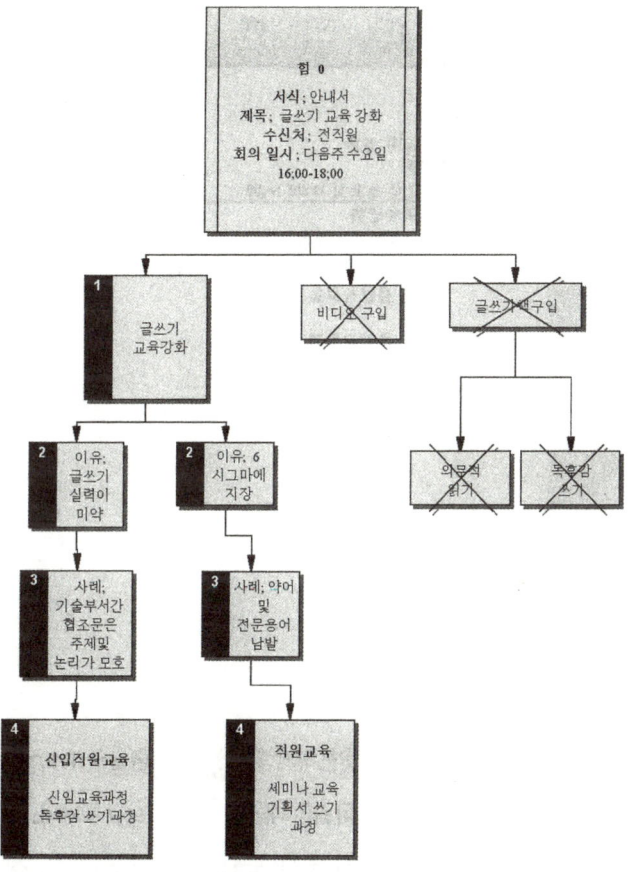

개요(Outline) 만들기

① 아이콘 줄에 있는 Outline 아이콘(📄)을 선택하면 다음과 같은 간단한 개조식 문안이 나온다.

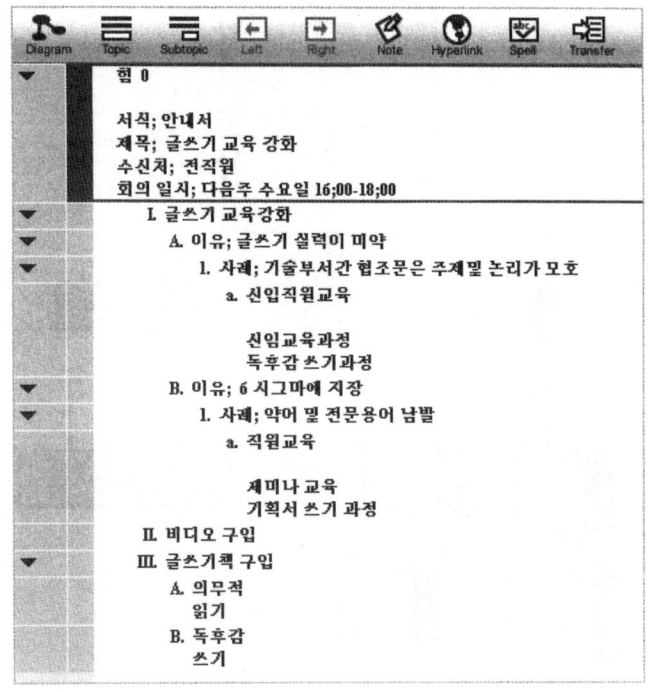

② 이 문안을 워드프로세서에서 활용하기 위해, 실행명령줄의 Transfer 아이콘( )을 선택하면 현재 파일의 내용이 「Microsoft Word」 데이터로 변환된다. 여기서 상세 내용을 추가하면 다음과 같이 문서 한 건을 완성한다.

제 목 : 글쓰기 교육　　　　　　　　　　서식 : 안내서
수신처 : 전직원

제목 : 글쓰기 교육 강화

　지식경영은 부서 간의 활발한 정보공유를 필수로 하고 있습니다. 그러나 요즈음 유통되는 기술문서는 **글의 주제 및 논리가 모호**하고, **약어 및 전문용어가 남발**하여, 전산부서에서 쓴 문서를 기계부서에서 이해할 수 없는 일이 허다하게 발생합니다. 따라서 **6시그마 경영에도 지장**을 주고 있습니다. 이러한 현상을 개선하고자 금년 한 해 동안 다음과 같이 글쓰기 훈련을 집중실시하니 전 직원은 필히 참석하시기 바랍니다.

1. 신입직원교육
　2004년 및 2005년 신입 직원은 두 차례로 나누어 교육을 실시하니 본인의 출장계획 등을 감안하여 과정을 선택하기 바랍니다.
　가. 신입교육과정
　　1) 기초과정 **6시간** 5월(또는 6월) 첫째 주 화요일 10:00 ~ 17:00
　　2) 중급과정 **10시간** 수·목요일 10:00 ~ 16:00
　나. 독후감 쓰기 과정
　　1) 이론 **2시간** 5월(또는 6월) 첫째 주 금요일 10:00 ~ 12:00
　　2) 실습 **2시간** 금요일 13:00 ~ 15:00

2. 직원교육
　직원은 매월 교육을 실시하니 본인의 출장계획 등을 감안하여 과정을 선택하기 바랍니다.
　가. 세미나 교육
　　1) 기초과정 **2시간** 매월 둘째 주 수요일 09:00 ~ 11:00
　　2) 중급과정 **6시간** 수요일 11:00 ~ 18:00
　나. 기획서 쓰기 과정
　　1) 이론 **1시간** 매월 둘째 주 목요일 09:00 ~ 10:00
　　2) 실습 **2시간** 목요일 10:00 ~ 11:00

쓰기, 발표에 적용하기 – ❷
발표

발표(presentation) 기법으로 PREP법이 있다. 처칠이 애용한 기법이다.

- Point (Purpose): 청중에게 요구사항을 지적
- Reason: 이유제시
- Example: 사례로 입증
- Point (Purpose): 요구사항 재강조

설득을 하려면 요구를 왜 하는지 근거가 있어야 하고 그 근거가 타당함을 사례를 들어 증명해야 한다. 이것이 바로 PREP법이고, 정확히 1-2-3-4로 이루어진 '왜' 형식이다. PREP법은 상대를 짧은 시간에 설득하는 강력한 힘을 가지고 있다.

우리는 의식하고 있지 않아서 그렇지 PREP법을 많이 쓴다. 어린이의 주장도 정확히 이러한 구조를 가지고 있다.

- 밥 줘 (1)
- 배고파 (2)
- 굶어 죽겠어 (3)
- 빨리 줘 (4)

쓰기, 발표에 적용하기 - ❸
답변, 면접

토론을 하거나 답변할 때도 하이, 파이브!, 1-2-3-4는 예외 없이 그 성능을 발휘한다. 다음 예를 보자. 지난 2002년 대선에서 노무현-정몽준 후보의 후보 단일화를 위한 TV 토론에서 두 후보의 답변방식은 매우 대조적이었다.

정후보 : 충분한 검토 없이 행정수도를 충청권으로 이전하겠다는 발표가 바람직하다고 보십니까?

노후보 : 행정수도 이전은 오래 생각한 것이고, 꼭 필요하고, 가능한 것입니다. 이미 75년과 83년에 검토되었는데 국토의 중앙인 충청권이 가장 유력한 후보지로 조사되었습니다. 행정수도 이전이 왜 필요하냐 하면 수도권 과밀로 인해 교육·환경·교통문제와 집값 폭등으로 서민이 엄청난 고통을 받고 있기 때문입니다. 지방발전 측면에서도 바람직하여 모두에게 좋은 것입니다.

노후보 : 정후보는 교육부 폐지를 주장하시지요?

사회자 : 이번에는 답변시간을 꼭 지켜 주시기 바랍니다.

정후보 : 교육부 이상주 부총리는 울산대학교 총장을 지냈고 저는 이사장을 맡고 있어서 잘 아는 사이인데 교육부를 제가 폐지하는 것으로 알려져 개인적으로 그분에게 송구스럽게 생각합니다. 교육부는 평가와 정보제공기능

> 을 맡고 교육의 실질적인 권한은 지방자치단체와 학교에 주자는 것입니다……. (1분 시간초과) ……교육부를 폐지하자는 것이 아닙니다. 교육감도 주민직선에 의해 뽑는 것이 바람직합니다.

이 예는 '한국의 이공계는 글쓰기가 두렵다'에서 이미 인용한 적이 있다. '답변이나 보고는 결론부터 먼저 하라'는 주제에서 그 실례로 소개한 것이다. 노후보는 결론부터 답변했고, 정후보는 배경부터 설명했다.

저자가 힘글쓰기를 알고 난 후 이 토론을 다시 보니 왜 노후보의 답변이 저자의 관심을 끌게 되었는지 이유를 알게 되었다. 바로 PREP법이기 때문이다. 1-2-2-4로 이루어진 '왜' 형식이다.

- 행정수도 이전은 오래 생각한 것이고, 꼭 필요하고, 가능한 것입니다. (1: 주장)
- 이미 75년과 83년에 검토되었는데 국토의 중앙인 충청권이 가장 유력한 후보지로 조사되었습니다. (2: 이유-배경)
- 행정수도 이전이 왜 필요하냐 하면 수도권 과밀로 인해 교육·환경·교통 문제와 집값 폭등으로 서민이 엄청난 고통을 받고 있기 때문입니다. (2: 이유-필요성)
- 지방발전 측면에서도 바람직하여 모두에게 좋은 것입니다. (4: 주장)

노후보의 답변에서 힘 3인 사례가 없지만 이는 주어진 시간이 1분으로 워낙 짧아 구체적으로 증명하기에는 어려움이 있었다고 볼 수 있다. 한편, 정후보는 질문에 대한 답변을 배경설명으로 시작하였다. 자세하다 못해 장황하기까지 하다 보니 시간을 초과하였고 결론에 해당하는 답변은 마지막에 시간에 쫓기어 나왔다. 2와 3이 실종되고 없다. 근거와 그 근거를 증명하는 부분이 빠져 있는 것이다.

- 교육부 이상주 부총리는 울산대학교 총장을 지냈고 저는 이사장을 맡고 있어서 잘 아는 사이인데 교육부를 제가 폐지하는 것으로 알려져 개인적으로 그분에게 송구스럽게 생각합니다. (?)
- 교육부는 평가와 정보제공기능을 맡고 교육의 실질적인 권한은 지방자치 단체와 학교에 주자는 것입니다. (1)
- 교육부를 폐지하자는 것이 아닙니다. 교육감도 주민직선에 의해 뽑는 것이 바람직합니다. (4)

노후보의 답변은 직선적이다. 남성적인 화법이다. 효과적인 의사소통을 중시하는 사무적인 방법이다. 반면에 정후보의 답변은 우회적이다. 여성적인 화법이다. 사교적인 의사소통방법이다.

'효과적인 의사소통'은 답을 할 때 결론부터 먼저 해야 한다. 그리고 상대에게 왜 그런지 근거를 대고, 이를 입증해야 상대가 납득을 한다. 그런데도 이렇게 자명한 이치를 학생들은 잘 못한다. 취업을 위한 면접에서 대학졸업생의 답변능력은 한결같이 수준 이하이다. 다음의 예와 같이 도무지 설득력이 없다.

질문: 입사 후 우리 회사에서 실현하고 싶은 꿈을 이야기해 보세요.
답변: 자아실현입니다.
질문: 그렇게 막연하게 이야기하지 말고 좀 더 구체적으로 설명해 보세요.
답변: 열심히 노력해서 유비쿼터스 분야의 전문가가 되고 싶습니다.

답변이 힘 1과 4에서 끝난다. 힘 2와 3을 동원할 줄을 모른다. 이를 개선하는 방법은 간단하다. 답변을 할 때 왼손가락 5개를 활짝 펴고 '어떻게' 형식[30]으로 손가락을 하나씩 꼽아 가면서 답변하면 된다.

0:      (질문자의 의도 분석, 핵심단어 도출, 순서배열, 답변태도 결정)
1(주제): 자아실현입니다.
2(방법): 저는 바이오시계에 관심이 많습니다. 시계가 혈당을 24시간 모니터링하면서 혈당에 이상 징후가 나타나면 이를 즉각 경고하는 시계입니다.
3(자료): 이를 위해 대학에서 '바이오시계' 동아리를 결성하였습니다. 혈당을 피부 외부에서 측정할 수 있는 방안에 대하여 여러 가지 탐색활동을 하였습니다. 구체적인 방안으로는……

---

[30] 면접에서의 답변은 '어떻게' 형식이다. 발표처럼 자기의 생각을 주장하는 것이 아니기 때문이다.

> 4(주제): 제가 새로운 분야를 개척하여 회사와 더불어 발전하고 싶습니다.

쓰기, 발표에 적용하기 – ❹
컨설팅

컨설팅도 별것이 아니다. 문제를 밝혀내 이에 대한 해답을 제시하고 이 해답이 설득력을 가지는 것이다. 그러니 '왜' 형식이다. 이렇게 간단한 사실만 이해하면 컨설팅 보고서 쓰기도 어려울 것 없다.

컨설팅회사가 사용하는 논리적인 사고도 이 범위를 벗어나지 못한다. 맥킨지의 *Logical Thinking*[31]은 일본사람이 쓴 것을 우리가 번역한 책이다. 이해하기가 쉽지 않지만 이것도 힘글쓰기의 원리차원에서 이해하면 의외로 간단하다.

맥킨지의 'Logical Thinking'

답변(1): 컨설팅은 문제에 대한 답변이므로 답변을 제시하면 된다. 그런데 문제에 함몰되다 보면 다른 방향으로 빠져 새로운 문제를 들고 나와 이를 답변으로 제시하는 잘못을 많이 범한다.

---
31 『로지컬 씽킹』, 테루야 하나코 외, 김영철 역, 일빛.

근거(2)-증명(3) 제시: 논리를 수직으로 구체화할 때에는 'Why so', 'So what'이라는 질문이 나오지 않게 한다. 즉, 논리가 '비약되거나 도중에서 중단되는 사태가 없도록 한다. 논리를 수평으로 구체화할 때에는 MECE(Mutually Exclusive and Collectively Exhaustive)라는 효과적인 기법을 활용한다. 우리말로 간단히 하면 '중복과 누락'을 없애라는 것이다.

답변 강조(4): 답변을 다시 한번 강조한다.

미국은 초등학교에서 힘글쓰기 교육만 제대로 익혀도 직장에서 보고서나 기획서 쓰기의 기초는 배웠다고 할 수 있다. 맥킨지 컨설팅이 자랑하는 Logical Thinking의 MECE기법을 초등학교에서는 수평으로 균형을 이루라는 것(balanced)으로 가르친다.

쓰기, 발표에 적용하기 – ❺
논술

논술은 자기 의견을 주장으로 내세워 설득력 있게 전개하는 글이다. 우리나라 학생은 논술을 정답 쓰듯 하려니 좋은 논술을 쓰지 못한다. 논술도 '왜'형식의 글쓰기를 하면 의외로 쉽게 쓸 수 있다. 즉, 정답을 찾지 말고 틀려도 좋으니 자기의 주장을 앞세우고, 왜 그런 주장을 하는지 이를 뒷받침하기 위해 근거(즉 논거)를 제시하고, 이 논거를 사실/사례를 통해 타당성을 증명(즉 논증)하면 되는 것이다. 그리고 마지막에 다시 한번 자기의 주장을 강조하는 것이다.

  논술, 이렇게 간단하다. 1'-2'-2'-2'-4'의 잘 쓴 논술문을 소개한다. 주제문과 소주제문의 위치가 정확하다.

인간중심의 과학기술

  에리히 푸롬의 말처럼 "과학이 우리를 전지(全知)하게 하고 기술이 우리를 전능(全能)의 존재로 만들었다"고 믿을 만큼 모든 것이 편리하고 풍요로워졌다. 그러나 과학기술은 긍정적인 면만큼 동시에 문제점을 안고 있는 '야누스의 얼굴'이다. 그래서 어떤 사람은 환경오염이나 새로운 질병의 출현, 전쟁무기로 인한 인류멸망의 위기 초래, 비인간화와 인간소외현상 등을 들어, 과학기술을 더 이상 발전시켜서는 안 된다고 주장한다. 그러나 **과학기술이 인간성을 거역해 온 측면이 있다면, 인간중심의 과학기술이 이룩할 가능성을 탐색하는 것이 더욱 합리적이다.**

  첫째, 환경오염과 핵전쟁의 위협을 비롯한 여러 부작용들은 과학기술이 발전해서 생긴 피해라기보다는, 그 기술을 이용한 사람들의 가치관이 바르지 못한 데서 빚어진 것이다. 이는 이용자들이 인간중심의 가치관을 정립함으로써 해결해야지, 과학기술의 발전을 정지시켜서 해결할 문제는 아니다. 최근에 환경오염을 정화하기 위한 노력이 확산되고, 핵무기 등을 생산하는 일을 금지시키려는 국제적인 연대가 강화되는 것은 이를 잘 반영해 주고 있다.

둘째, 현대과학으로 인해 생긴 질병보다는 과학발전에 힘입어 퇴치된 질병이 훨씬 많다는 사실이다. 최대의 난치병인 암이나 에이즈조차 과학의 힘으로 해결될 전망이며, 현대과학의 부산물인 새로운 질병도 머지않아 과학의 힘으로 발병을 막을 수 있게 될 것이다.

셋째, 과학기술의 발달과 산업화에 따라 경쟁이나 비인간화, 인간소외현상 등이 심화되고 있으나, 그렇다고 반과학주의에 서서는 안 된다. 오히려 과학기술의 힘을 적극적으로 이용하여 생활의 편리를 꾀하고, 쾌적한 환경을 조성하여 여가의 기회를 늘림으로써, 인간다운 삶을 영위하게 하는 방안을 찾는 것이 바람직하다.

요컨대 역사의 연속성이라는 측면에서 볼 때, 현재의 과학기술을 전면적으로 부정하는 것은 현실적인 적합성이 없다. **우리에게 필요한 것은 반과학주의가 아니라 과학기술의 부작용을 최소로 줄일 수 있는 방법이 무엇인가를 모색하는 것이다.**

박용성 [32]

이 논술문의 단점은 주제문과 소주제문이 문장으로서 길다는 점이다. 또 다른 단점은 본문의 문장구조가 1-2-3-4인 PREP법(주-이-사/예-주)이 아니라서 충분한 뒷받침을 해주지 못하고 있다는 것이다. 첫째 본문만을 예로 다음과 같이 고쳐 보면 아주 훌륭한 논술이 된다.

---

[32] 『논술을 알면 대학이 보인다』, 박용성, 한마당, 251쪽.

첫째, 환경오염과 핵전쟁의 위협을 비롯한 여러 부작용들은 과학기술이 발전해서 생긴 피해라기보다는, 그 기술을 이용한 사람들의 가치관이 바르지 못한 데서 빚어진 것이다.(1) 이는 이용자들이 인간중심의 가치관을 정립함으로써 해결해야지, 과학기술의 발전을 정지시켜서 해결할 문제는 아니다.(4) 최근에 환경오염을 정화하기 위한 노력이 확산되고, 핵무기 등을 생산하는 일을 금지시키려는 국제적인 연대가 강화되는 것은 이를 잘 반영해 주고 있다.(3)

↓

첫째, 과학기술의 부작용은 그 기술을 이용하는 사람들의 가치관이 바르지 못한 데서 빚어진 것이다.(1) 기술 자체는 본래 가치중립적이어서 사람이 기술을 어떻게 다루는가 하는 것이 더 중요하다.(2) 최근에 환경오염을 정화하기 위한 노력이 확산되고, 핵무기 등을 생산하는 일을 금지시키려는 국제적인 연대가 강화되는 것은 이를 잘 반영해 주고 있다.(3) 과학기술의 부작용은 이용자들이 인간중심의 가치관을 정립함으로써 해결해야지, 과학기술의 발전을 정지시켜서 해결할 문제는 아니다.(4)

쓰기, 발표에 적용하기 – ❻
독후감

대학에서 4학년 2학기를 강의하다 보면 학기 도중에 취업을 하는 학생이 생긴다. 취업에 성공했다고 환한 얼굴로 신고를 한다. 그런데 다음 주에 풀이 죽어 나타난다. 신입직원 연수통보를 받았는데, 회사가 독후감을 써 오라는 것이다. 학교에 다닐 때 한 번도 제대로 독후감을 써 보지 못했으니 어디서부터 어떻게 써야 할지 감조차 잡을 수 없다는 것이다. 이럴 때 다음과 같이 3분 특강을 해주면 금세 그들의 얼굴이 밝아진다.

독후감 쓰는 요령

독후감에는 세 가지 종류가 있다. 단순나열식, 중점나열식, 자기생각적기식이다. 단순나열식은 책의 내용을 순서대로 요약하는 것이다. 목차에 살을 조금씩 붙인 형태인데 하급이다. 책에도 '80·20의 파레토법칙'[33]이 적용되는데 어느 부분이 20에 해당하는지에 대한 구분능력이 없는 글쓰기이다. 중점나열식은 '정답쓰기'에 가깝다. 즉, 중요한 요지

---

[33] 이탈리아 경제학자 파레토(V. Pareto)는 "결과의 80%는 원인의 20%에서 기인한다"는 것을 밝혀냈다. 백화점에서 매출의 80%를 핵심고객 20%가, 직장에서 80%의 일을 20%의 근로자가 한다는 것이 그 예이다.

20을 찾아내어 나열하고 마지막에 자신의 의견을 적는 방법이다. 이 정도만 되어도 중급이다. 자기생각적기식은 자신이 책을 읽은 후의 느낌을 하나의 주제로 삼고 이를 뒷받침하는 소주제 3개를 찾아내어 기본 에세이 형식으로 글을 쓰는 것이다. 이래야 상급이다. 독후감이라는 글자의 뜻도 책을 읽고 그 느낌을 글로 쓰라는 것이지 책을 요약하거나 정답을 쓰는 것이 아니다. 정답이 아니더라도 자기가 책을 읽고 느낀 점을 하나의 주제로 삼아 이를 구체적으로 뒷받침하는 근거와 증명을 대라는 것이다.

독후감은 요약과 다른데 학생들은 잘 구분하지 못한다. 독후감을 내라고 하면 요약문을 내는 것이 일반이다. 사실 요약도 3가지가 있는데, 이조차 우리는 학교에서 구분해 배우지 않으니 당연한 결과이다. 미국에서는 요약해서 글을 쓰는 훈련을 많이 하는데, 요약하기는 가장 효율적인 공부이기 때문이다. 교과서가 소설처럼 두툼하게 되어 있어 학생은 이를 전부 읽어야 학습내용을 알 수 있고, 또 읽은 내용을 요약하는 과정에서 진정한 공부가 된다. 처음에는 사진찍기식으로 하는 단순요약, 다음은 요점을 뽑아 줄이는 중점형요약, 마지막으로 하나의 주제를 찾아내어 이를 설득력 있게 자신의 말로 표현하는 자기식요약으로 단계를 높여간다. 이런 요약 공부가 끝난 후에 미국 학생에게 독후감을 쓰라고 하면 학생은 당연히 자기생각적기식 독후감을 쓰는 것이다.

잘 쓴 독후감을 소개한다. '5문단-기본에세이' 형식이다. 주제문과 소주제문이 비교적 정확한 위치에 있다. 하나 아쉬운 점은 좀 더 간결하게 되었으면 하는 점이다. 참고로 이 독후감의 구조는 다음에서 보는 것처럼 귀납법이다.

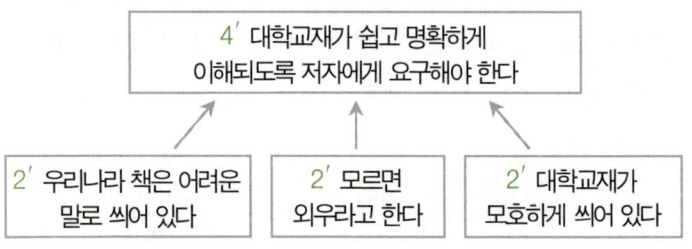

독자의 권리선언

창조적 글쓰기를 어떻게 할 수 있을까? 먼저 창조적인 글쓰기를 방해하는 어떤 요인들이 있는지 알아야 할 것이다. 이성용은 그의 역서 『사회과학자의 글쓰기』(하워드 베커 저, 이성용·이철우 역)에서 그의 역자후기를 통해 **"우리나라에서 왜 창조적인 글쓰기가 힘든가"의 사회적인 요인을 찾으려 한다.**

창조적 지식인은 창조적인 글을 통해서 나온다고 본다. 그러기 위해선 좋은 책을 독자를 위해서 써야 한다. 그러나 **우리나라에서 출판되는 많은 책은 저자들의 유창한 지식을 자랑하거나, 소수의 사람들만이 알 수 있는 어려운 말로 씌어 있는 경우가 많다.** 특히 대학교재를 보라. 학부생들은 그들이 배워야 할 지식을 충분히 소화해서 대학을 졸업하는가? 유감스럽게도 그렇지 않은 듯싶다. 현실에서 많은 기업들은 대학졸업생을 반기지 않는다. 그들이 대학에서 배운 지식을 현장에서 쓰지 못하기 때문이다. 그것은 지식을 단순히 암기했을 뿐 어떻게 지식을 활용해야 할 것인가를 배우지 못했기 때문이다. 정보화사회는 정보를 어떻게 자기 것으로 소화해서 활용할 것인가가 중요시되는 사회이다. 하지만 여전히 시험 때 임박해서 달달 외우는 관행은 많은 대학생들이 때가 되면 겪는 의례이다.

"**모르면 외워라**"는 말이 왜 나오게 되었을까? 그런데 교과서 또는 대학교재로 씌어진 글은 반박할 수 없는 종교의 교리와 같은 것일까? 그래서 아무런 의문 없이 받아들일 수 있는 그런 종류의 지식일까? 그렇지 않다면 "모르면 외워라"는 말은 가르치는 사람이 자신의 무지를 권위라는 이름으로 가리려 하는 게 아닌가. 학생들은 초·중·고 시절부터 많은 교재를 사용한다. 학생들의 교재에 대한 믿음은 굳건하며, 심지어 대학생이 되어도 그런 믿음은 쉽사리 흔들리지 않는다. 학생들이 보는 책들이 모호하고 때때로 틀리게 씌어 있어도 "모르면 외워라"라는 말은 하나의 경구처럼 들린다. 우리는 대개 논리적으로 사고하는 힘을 기르기 위해 책을 읽는다. 하지만 분명하고 명확하게 씌어져야 할 글이 모호해서 이해하기 힘들게 씌어 있다면 독자들은 논리적으로 사고하는 힘을 기를 수 없다.

유감스럽게도 상당수의 대학교재는 이해하기 쉽게 씌어지기보다는 반대로 모호하게 씌어진 경우가 많다. 이성용은 『사회과학자의 글쓰기』의 역자후기에서 『조사방법론』(여론조사 및 각종 사회통계의 기본지침을 설명한 책) 교재를 알기 쉽고 명확하게 씌어져야 할 책으로 보고, 저명한 학자에 의해 씌어진 대표적인 조사방법론 교재를 분석하고 있다. 그런데 그 대표적인 조사방법론 교재들은 그 분야를 전공한 학자가 보아도 쉽사리 이해하기 힘들며, 정의(definition)를 잘못 내린 부분도 있다고 한다.

이성용은 그의 역서를 통해 먼저 글쓰기가 제대로 되어야만 창조적이며 사회에서 필요한 지식인이 나올 수 있다고 한다. 명확하고 독자들이 이해할 수 있는 글을 쓰는 것은 정말 필요한 일이다. 그럴 때에만 정보의 공유가 제대로 이뤄지고 지식독점에 의한 일방통행을 막을 수 있기 때문이다. 독자는 저자와 출판사에게 실제 자신들에게 도움이 될 수 있게끔 글을 쓰도록 요구할 필요가 있다. **특히 우리나라 대학생들은 그들이 배우는 교재가 반드시 그들에게 필요하고 도움이 될 수 있도록 저자와 출판사에 요구해야 한다.**

string72 현성민 (교보문고 북로그)

한국의 직장인은 글쓰기가 두렵다

[셋째장]

힘글쓰기 이론의 배경

- ▸ 인지심리학
- ▸ 힘글쓰기의 원리
- ▸ 글쓰기, 전투 그리고 개조식
- ▸ 과정을 중시하는 글쓰기
- ▸ 글의 논리

 Hi, Five!

힘글쓰기는 스파크스 박사(Dr. J. E. Sparks)가 1982년에 그 개념을 소개하였다. 그 후 이 개념은 일선학교에서 글쓰기를 지도하는 현장교사들이 시행착오를 거듭하며 발전해 왔다. 이런 연유 때문인지는 몰라도 글쓰기를 이론적으로 다루는 학자는 힘글쓰기를 경원한다.

힘글쓰기는 인지심리학 및 '과정중시 글쓰기이론'과 궤를 같이하며 발전해 왔다. 인지심리학은 우리의 뇌가 사물을 어떻게 하면 빨리 알아차려 이를 오래 기억하느냐를 다루는 학문인데, 시각적인 이미지와 전체를 한눈에 알아보게 하는 것을 강조한다. 따라서 글은 읽게 하기보다는 시각적으로 일목요연하게 한눈에 보이게 한다. 이런 글이 요점만을 뽑아서 적는 개조식(outlined)이다. 따라서 개조식을 중시한다.

한편 '과정중시 글쓰기이론'은 결과는 과정이 충실해야 얻을 수 있는 성과로 보는 입장이다. 쓰기라는 행위 자체도 중요하지만 사전에 잘 준비하여 이를 표준화된 글의 구조에 맞추어 쓰며, 다 쓴 글은 몇 차례 고치는 담금질을 거친 후 잘 포장(편집)한다.

이 장에서는 인지심리학과 개조식 글쓰기, 과정중시 글쓰기 이론을 알아보기로 한다. 또 글쓰기에서 빼놓을 수 없는 논리도 쉽고 간편하게 공부해 보기로 한다.

01 인지심리학

힘글쓰기의 배경에는 우리 뇌가 사물을 인지하는 인지심리학이 자리 잡고 있다. 인지심리학은 사람이 감각기관을 통해 받아들인 정보를 어떻게 두뇌가 처리하여 이를 이해하는가를 다루는 학문인데, 뇌가 굉장히 복잡하여 모르는 것이 대부분이나 뇌촬영장치인 자기공명장치(MRI; Magnetic Resonance Imaging)의 발달로 급속한 발전이 이루어지고 있는 분야이다.

　우리는 시각을 통해 가장 분명하게 정보를 받아들인다. 다음이 청각이다. 촉각, 후각, 미각은 애매모호하게 정보를 처리하는 편이다. 이는 인간이 생존을 위해 정보를 효율적으로 처리하는 데서 기인한다고 볼 수 있다. 시각과 청각은 생명과 직결되지만 다른 감각은 이에 미치지 않기 때문이다.

　시각은 한 번에 많은 정보를 처리한다. 그래서 가장 중요한 감각기관이다. 몸이 천 냥이면 눈이 구백 냥이다. 이런 사실은 과학적으로도 증명이 된다. 뇌의 시각중추는 외과적 절제에도 불구하고 끈질기게 남아 있다. 쥐의 시각피질을 90%나 제거해도 복잡한 시각기능에 요구되는 임무를 여전히 수행한다는 것이다. 이렇게 중요한 눈이기에 정보처리방식도 효율을 가장 앞세운다.

뇌는 감각기관에서 받아들인 정보를 처리하고 필요시에 기억형태로 저장한다. 따라서 기억은 뇌의 중요한 기능이다. 기억의 특성은 다음과 같다.

기억의 특성

받아들이는 정보의 양에 비례
자주 반복하면 단순 기억이 증가한다.

선택과 집중
관심 있는 정보만 선택하고 쓸데없는 데에는 관여하지 않는다.

체계화에 비례
덩이지기(clustering)와 조직화(organized)된 정보가 유리하다.

상위의 개념, 명제에 이를수록 유리
하위 개념의 일부만 회상되어도 전체가 쉽게 재구성된다.

뇌는 단순히 외부에서 들어오는 자극을 그대로 받아들이지 않고 기존의 지식과 비교해 가면서 덩이지기와 조직화를 함으로써 기억을 압축된 형태로 저장한다. 또 하위개념은 상위개념으로 통합하여 압축된 형태를 취한다. 이때 압축된 형태는 단어와 이미지이며 단어보다 이미지가 더 중요한 역할을 한다. 그래서 인상(印象)이라는 한자어가 생겼는지 모른다.

기억은 연상작용과 밀접한 관계가 있다. 감각기관으로부터 자극이 들어오면 뇌는 이 사안을 기억 속에 들어 있는 이미지와 연결한다. 이것이 연상이다. 연상을 얼마나 잘할 수 있는가 하는 문제는 기억 속에 들어있는 이미지와 들어가는 이미지가 얼마나 잘 정돈되어 있는가에 달려 있다. 기억 속의 이미지는 수평적으로는 같은 성격끼리, 수직적으로는 상위개념과 하위개념으로 체계화되어 있다. 따라서 들어가는 이미지도 수평과 수직으로 묶어 체계화하고, 상위개념으로 접근해 갈 때 연상이 유리해진다.

뇌는 또 인지·추론·사고과정도 수행한다. 이런 정신활동은 기억 속에 저장된 이미지를 연상작용으로 불러내 논리적으로 처리한다. 이때 우리의 우뇌는 통합적이어서 이미지와 관련된 부분을 주로 다루고, 좌뇌는 분석적이어서 논리적인 부분을 많이 다룬다.

뇌는 단기기억[34]과 장기기억[35]을 다르게 처리한다. 단기기억은 저장용량이 매우 작아 7±2개의 요소를 기억할 정도이다. 따라서 덩이지기

---

[34] 두뇌 중심부에 위치한 시상(視床)과 해마가 담당하며 사물의 인지에 주로 관여한다.
[35] 대뇌피질이 관장하는데, 기억과 연상을 주로 담당한다.

를 할수록 단기적으로 기억할 수 있는 개체가 늘어난다. 장기기억은 저장의 효율화를 위해 정보를 조직화한다. 조직된 정보는 상위개념일수록 저장에서 꺼내는 것이 유리하다.

우리의 인지활동에서 시각정보와 이미지의 중요성을 앞에서 확인하였다. 그런데 이 시각과 이미지는 전체에서 부분이라는 방향성을 가지고 있다. 이를 확인해 보기 위해 다음 그림을 보자.

정선(겸재, 1676-1759)의 인왕제색도

가장 먼저 눈에 들어오는 것이 산이다. 다음이 구름이고 그 다음이 나무 한 그루이다. 전체로 시작하여 부분의 순서이다. 이런 인지과정에서 우리에게 이미 친근한 사물은 그냥 지나치고 특이한 사항이 있는 곳에서 시선이 머문다. 호기심이 발동하는 곳이다. 오른쪽의 천막이다. 인왕산에 웬 천막?

   산이나 구름같이 이미 알고 있는 개념은 우뇌가 즉각 처리하고, 천막과 같은 이상한 물건은 좌뇌가 분석한다. 이미 알고 있는 산의 이미지를 우뇌가 연상하면서 좌뇌는 이 천막과 대조·분석하는 판단작업을 수행한다. 인왕산에 세워진 천막을 겸재가 그리지는 않았을 것이므로 사찰의 지붕으로 결론내린다. 그림을 보는 사람이 이 그림에 더 이상 흥미를 느끼지 않으면 이 그림의 세부적인 것을 잊고 단순화시켜 그저 '잘 그린 그림' 정도로만 개념을 확립하여 장기기억에 저장한다.

02 힘글쓰기의 원리

현대과학이 뇌를 조금씩 알아감에 따라 인지심리학은 우리의 뇌가 어떻게 시각정보를 처리하고, 연상과 기억을 하는지 하나씩 밝혀내고 있다. 힘글쓰기는 '효과적인 의사전달'을 목표로 하기에 이러한 인지심리학의 성과를 최대한 자신의 원리에 반영하고 있다.

원리1_ 시각화한다

읽는 사람이 글을 읽고 난 후에 남는 것은 결국 장기기억 저장에서 이미지의 형태이다. 이미지도 장기기억은 많은 것을 저장해 두지 않는다. 뚜렷한 이미지만 기억해 둔다. 뚜렷한 이미지 하나는 연상작용에 의해 다른 이미지를 차례로 불러낼 수 있고 기억에도 오래 남는다. 따라서 힘글쓰기는 이미지의 중요성을 최대한 활용한다.

㉮ 주제를 하나의 이미지로 변환한다.
㉯ 하나의 이미지만을 전개한다.
㉰ 읽게 하는 문장이 아니고 보이는 듯한 문장을 쓴다.
㉱ 그림이나 도표를 최대한 활용한다.
㉲ 편집기능을 살려 중요한 것이 잘 드러나도록 한다.

원리2_ 전체에서 부분으로 전개한다

글을 한눈에 알아보게 한다. 그러기 위해서는 전체를 먼저 설명하고 부분은 뒤에 설명한다. 중요한 것이 먼저 나오고 덜 중요한 것이 나중에 나온다.

㉮ 제목에 핵심을 담는다.
㉯ 문단에서 소주제문은 제일 앞에 둔다.

㉰ 구체화를 심화해 나간다.
㉱ 주제-방법-자료/의견-주제강조로 전개한다.
㉲ 주장-이유-사실/사례-주장강조로 전개한다.

원리3_ 덩이를 만든다

단기기억에서의 정보처리는 개수가 워낙 제한되어 있다. 따라서 같은 성격으로 되어 있는 개념은 최대한 묶어서 수평적으로 처리한다. 여러 덩이의 공통점을 하나로 표현하여 수직적인 상위개념을 만든다.

㉮ 주제를 뒷받침하는 소주제를 3개 내외로 한다.
㉯ 소주제를 뒷받침하는 소소주제를 3개 내외로 한다.
㉰ 수직의 덩이는 주종관계를 가진다.
㉱ 수평의 덩이는 동격관계를 가진다.

원리4_ 상대 위주로 정보를 객관화한다

글을 쓰는 목적은 상대에게 '효과적인 의사전달'을 하는 것이다. 내 머리가 움직이는 대로 글을 쓰는 것이 아니고 읽는 사람의 머리가 쉽게 움직일 수 있도록 도와 준다.

㉮ 읽을 상대를 분석한다.

㉯ '나(I)'라는 단어를 자제하고 되도록 '너(You)'를 쓴다.[36]
㉰ 서론에서 배경은 상대에게 최소한도로 필요한 것만 적는다.
㉱ 전문용어를 가려서 쓴다.

원리5_ 공학적으로 접근한다

글도 도구이다. 제품에 산업표준이 있듯이 글의 구조도 되도록 표준화한다. '효과적인 의사전달'은 효율이 생명이다. 문장공학을 활용한다.

㉮ 글의 구조를 표준화한다.
㉯ 문단구조를 표준화한다.
㉰ 문장구조를 표준화한다.
㉱ 자동기계번역이 잘되는 형태로 쓴다.[37]

---

36 미국은 학생이 글을 쓸 때 하나의 글에서 'I'라는 주어를 3개 이하를 쓰도록 한다. 'I'를 쓰면 아무래도 자기 위주의 글을 쓰기 때문이다.
37 한-영 자동 기계번역률이 매우 낮다. 거의 이해할 수 없는 수준이다. 우리글에 주어 없는 문장이 많고, 문장이 길며, 표현에 자의성이 많기 때문이다. 저자는 이 분야에 전문가가 아니지만 기계적인 문장(주어를 매번 넣고, 주어와 서술어를 호응시키고, 단문을 쓰는 등……)을 시도해 보니 자동 기계번역률이 획기적으로 향상하는 것을 확인할 수 있었다.

03 글쓰기, 전투 그리고 개조식

글쓰기는 종종 전투에 비유된다. 힘글쓰기를 배우는 사람에게 원리를 쉽게 설명하는 데에는 이 비유가 매우 효과적이라는 것이 저자의 생각이다.

쓰기라는 행위가 좁은 문으로 군인을 한 번에 한 사람씩 통과시키는 전투행위에 비유되는 것이다. 글을 쓰는 사람은 전투대형(저자가 의도하는 글의 구조)을 갖춘 대규모의 부대를 한 사람씩 행진시켜 좁은 문으로 통과시키는 사단장이고, 글을 읽는 사람은 문을 통과한 부대를 다시 정렬(독자가 글의 구조를 이해)시키는 다른 사단장이 되는 것이다.

쓰기라는 행위는 근본적으로 이러한 제약을 가지고 있다. 처음 사단장이 병사 1만 4천여 명에게 각자의 좌표를 주어 성문을 통과시킴으로써 다른 사단장은 이를 취합해서 머릿속에서 하나의 이미지를 만들어 처음 사단장이 의도한 원래의 전투대형(글의 구조)을 재현하는 것이다.

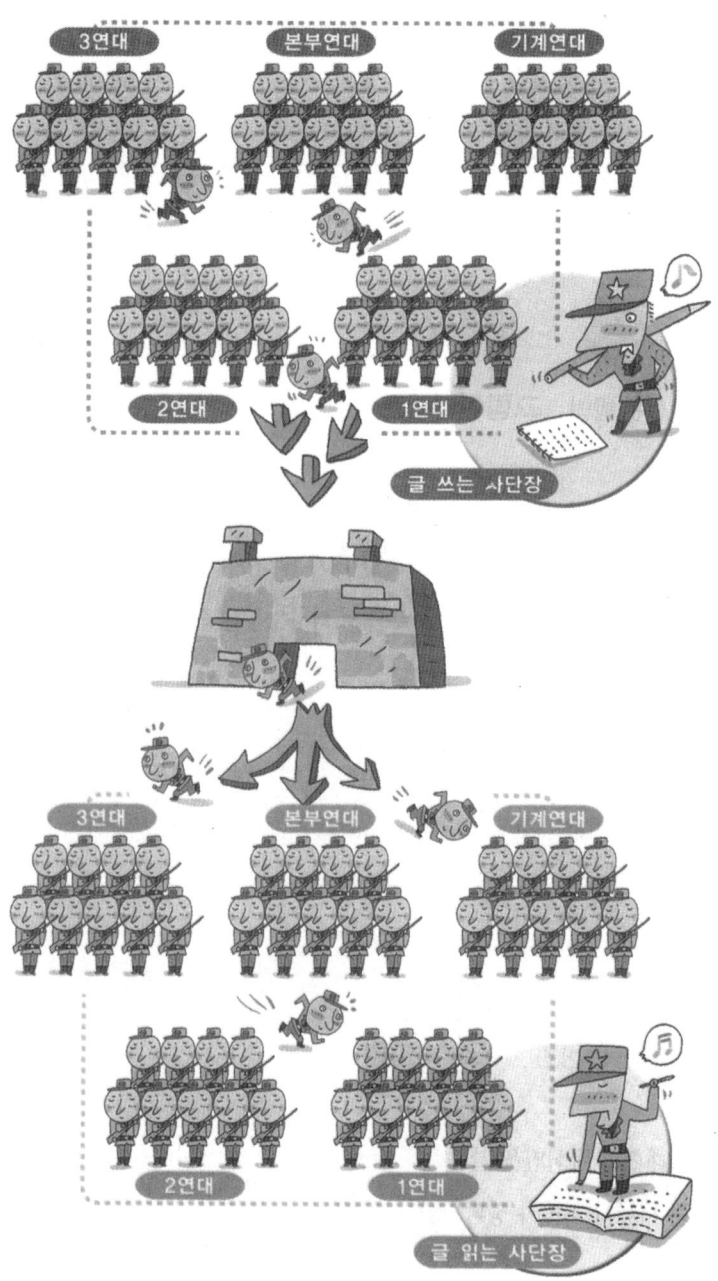

한눈에 보여주는 전투대형

쓰기가 성문통과라면 전투대형은 글의 구조이다. 처음 사단장의 의도를 다른 사단장이 '정확하고, 쉽고, 간편하게' 파악하도록 하려면 처음 사단장이 어떻게 해야 할까? 글 이외에 다른 수단을 써도 좋다면 여러분은 어떻게 하겠는가?

가장 좋은 방법_ 그림이나 약도

한 장의 그림이나 약도로 전투대형을 보여 주는 것이다. 한 장의 그림은 수만 마디의 글보다 더 효과적일 때가 많다. 시각정보가 가장 정보처리의 효율이 높기 때문이다. 그래서 의사소통은 최대한 그림이나 도표를 활용해야 한다.

   글만으로 이루어진 설명이라 하더라도 읽고 난 후의 느낌이 하나의 이미지로 변환되도록 해야 한다. 읽고 나서 '그림이 나오는' 글은 좋은 글이다. 우리의 뇌가 이미지를 중요시하기 때문이다. 복잡한 그림이나 여러 개의 이미지가 뜨는 것은 오히려 역효과가 난다.

그 다음 좋은 방법_ 개조식 설명

전투대형의 핵심만을 간략하게 개조식으로 적는 것이다. 적는 순서도 읽는 사람의 머리가 상위개념부터 접근할 수 있도록 전체를 먼저 이야기하고 부분은 다음에 전개한다. 즉, 사령관이 한마디로 전투대형을 표현하는 '학익진'(학이 날개를 편 것 같은 진형)'이나 'W형 진형'을 먼저 이야기하고 다음은 이를 뒷받침하는 연대의 위치를 나열한다. 그 다음은 연대보다 더 상세한 대대를 표시한다. 이를 그림으로 나타낸 것이 조직도(Organization Chart)이다. 이것을 글로 표시하면 개조식이 된다. 주제-소주제-소소주제의 순이 된다.

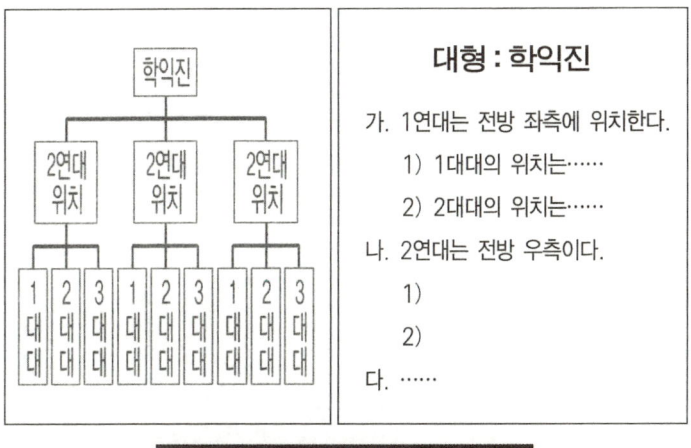

전투대형의 조직도와 개조식 설명

개조식은 문서의 꽃

공무원이 개조식을 선호하는 것은 이유가 있다. 정보가 상위개념부터 제시되고, 덩이가 지어져 있고, 글자수가 적어 읽는 사람이 정보를 '정확하고, 쉽고, 간편하게' 파악할 수 있기 때문이다.

우리나라 행정에서 개조식은 미국에서 도입되었다. 미국의 행정은 우리나라 군대행정에 영향을 미쳤고, 5·16 직후부터 효율적인 군대행정이 일반행정에 본격적으로 유입되었다. 분초를 다투는 전장에서 의사소통의 효율성은 매우 중요하며 많은 정보를 요약하여 일목요연하게 볼 수 있게 해야 하기 때문에 브리핑(briefing)이 발달한 것이다. 우리도 한때 브리핑은 행정의 꽃이었다. 지금은 이것이 파워포인트(PowerPoint)로 진화하였다.

따라서 정부의 행정과 기업의 사무에서는 개조식 표현이 대부분을 이룬다. 보고, 기안, 발표는 거의 100% 개조식이다. 그렇다고 서술식이 사라진 것이 아니다. 서술식은 끈질기게 남아 정보전달의 효율성을 나쁘게 하고 있다. 육교에 게시된 경고문이다.

경고문

이 육교 아래에는 특별고압 25,000볼트 전기가 흐르는 전차선이 있어 물건(철사, 테이프 등)을 던지면 귀중한 생명을 잃거나 전철운행이 중단되는 사고가 발생하여 철도법에 의해 처벌받게 됩니다.

이 경고문이 무슨 경고인지 알려면 글을 중간까지 읽어야 한다. 서술식의 한계이다. 군대에서 보초의 경고요령이 "정지! 아니면 발포한다"이

다. 상대에게 무엇을 하지 말라는 정보가 제일 먼저 나오고, 그다음은 이를 어길 경우에 받는 처벌이 나온다. 이 경고문은 그런 원칙을 어기고 있다.[38]

이 경고문에는 이 밖에도 다른 문제가 있다. 한 문장의 길이가 너무 길다. 특히 경고문의 문장은 짧아야 한다. 경고문은 효율이 극대화된 글이기 때문이다. 이처럼 긴 경고문은 우습다. 또, 테이프라는 용어가 구체적으로 무엇을 뜻하는지 분명하지 않다. 아마 카세트테이프를 해체한 자기(磁氣)테이프일 것 같다. 비닐테이프는 전기가 통하지 않는다. 이 경고문은 다음과 같이 고쳐야 한다.

〈경고〉 막대나 끈을 던지지 말 것

열차가 전복될 위험이 있어 처벌받음
육교 아래는 고압선(25,000 V)이 흐름

개조식은 일목요연한 장점을 가진 반면에 정보를 요약·압축하기 때문에 의사소통에 장애를 빈번히 가져온다. 첫 번째가 방향의 구분이 어려운 경우이다.

---

[38] 국민에게 부드러운 인상을 주기 위해 고도의 배려가 담긴 경고문일 수 있다. 그러나 부드러운 경고란 없다. 안내는 부드러워야 하지만 경고는 단호해야 한다. 이것이 '정확'한 글이다.

개조식 주의1_ **방향의 구분을 분명히 한다**

> 한글 자동기계번역이 영어가 60~65%.
> 온수-장암(서울 지하철 7호선)

윗줄은 영어를 한글로 번역하는 것인지, 한글을 영어로 번역하는 것인지 분명하지 않다. 이 글이 서술식이라면 앞뒤 문맥을 보고 판단할 수 있다. 즉, 영어를 한글로 번역할 수 있는 비율이 이 정도이고, 한글의 영어 번역 가능성은 이보다 훨씬 낮기에 굳이 문장의 뜻을 따지지 않는다. 그러나 개조식은 서술식과 달리 앞뒤 문맥을 활용할 수 없어 표현을 정확히 해야 한다. '영-한 자동기계번역률이 60~65%'가 정확한 표현이다.

아랫줄은 7호선을 갈아 탈 기회가 있을 때마다 헷갈리는 안내이다. 3호선을 타고 북쪽으로 가다 고속터미널 역에서 서쪽으로 가야 하는데 어느 쪽 전동차를 타야 할지 헤맨다. 자주 이용하는 노선은 종착역의 이름을 타는 사람이 훤히 알고 있지만 모처럼 환승하는 경우에는 온수나 장암이 서울에서 어디에 위치하는지 곤혹스럽다. 온수(W)-장암(NE) 정도로만 적어 놓아도 해결될 문제이다.

두 번째는 압축이 지나친 경우이다. 다음의 예를 보자. 한국철도공사의 안내문이다.

개조식 주의2__ 지나친 압축을 삼간다

예약승차권의 구입기한

- 취소시각은 해당일 24시, 출발당일 출발 10분 전 또는 출발시각, 환승의 경우에는 먼저 출발하는 열차의 출발시각 기준 적용

- 출발 2개월 전부터 7일 전까지 예약한 승차권 ⇒ 예약일 포함 7일 이내
- 출발 6일 전부터 2일 전까지 예약한 승차권 ⇒ 출발 1일 전까지
- 출발 1일 전부터 당일 1시간 전까지 예약한 승차권 ⇒ 출발 10분 전까지

구입기한이 소주제라면 곧바로 이를 뒷받침하는 내용이 뒤따라 나와야 한다. 취소시각은 여기서 참고내용이어서 완전히 다른 소주제이다. 취소시각이 구입기한과 어떤 관련이 있는지 배경설명이 전혀 없어 취소시각에 관해 이해하기가 매우 어렵다. 다음과 같이 두 개의 소주제로 나누어 설명해야 한다.

예약승차권의 구입기한

- **예약승차권은 지정된 기한 내에 구입하여야 합니다.**
  출발 2개월 전부터 7일 전까지 예약한 승차권

> ⇒ 예약일 포함 7일 이내
> 출발 6일 전부터 2일 전까지 예약한 승차권
> ⇒ 출발 1일 전까지
> 출발 1일 전부터 당일 1시간 전까지 예약한 승차권
> ⇒ 출발 10분 전까지
>
> • **기한을 넘기면 자동 취소되오니 유의 바람. 취소시각은**
> 해당일　　　⇒ 24시
> 출발 당일　　⇒ 출발 10분 전 (또는 출발시각 삭제)
> 환승의 경우　⇒ 앞차의 출발시각을 적용

다른 예이다. 서울 지하철에 비치된 소화기 사용설명이다.

> 안전핀을 뽑는다.
> 호스를 불쪽으로 향하게 한다.
> 손잡이를 힘껏 쥐고 뿌린다.

손잡이를 힘껏 쥐고 무엇을 뿌리는가? 손잡이는 아닐 것이고 소화액을 뿌리는 것이다. 따라서 '손잡이를 힘껏 쥐고 소화액을 뿌린다'로 써야 한다.

어쩔 수 없을 때 하는 방법_ 서술식 설명

전투대형을 서술식으로 설명한다. 군대에서는 찾아보기 힘든 방식이다. 그러나 사무실에서는 서술식 글쓰기가 여전히 남아 있다. 법률문, 설명문, 연설문과 같은 것은 형식상 개조식으로 하기 어렵다.

  서술식 문장은 이해하기 어려운 글이다. 우리 머리가 따라가기에는 막대한 에너지를 소비하는 글이다. 그래서 서술식은 쉽게 술술 넘어가는 소설이나 수필과 같이 문학적인 글에 어울린다. '효과적인 의사전달'을 목적으로 하는 실용적인 글은 개조식으로 써야 하고, 서술식으로 꼭 써야만 하는 어쩔 수 없는 환경이더라도 되도록 개조식의 정신을 살려야 한다. 그렇게 하지 않고 서술식에, 어려운 용어에, 복잡한 문장구조에, 길기까지 하다면 읽는 사람은 글을 이해하기 위해 초인적인 능력을 발휘해야 한다. 그런데 불행히도 이런 글이 있다. 법률문장이다.

> 피고인의 자백이 고문·폭행·협박·구속의 부당한 장기화 또는 기망 기타의 방법에 의하여 자의로 진술된 것이 아니라고 인정될 때 또는 정식재판에 있어서 피고인의 자백이 그에게 불리한 유일한 증거일 때에는 이를 유죄의 증거로 삼거나 이를 이유로 처벌할 수 없다.   헌법 제12조 ⑦

이 문장을 이해하려면 여러 가지 점을 고려해야 한다. ① 미괄식 문장이라 끝까지 읽어야 뜻을 알 수 있다. ② '부당한 장기화'는 구속에만 걸리고 나머지 고문·폭행·협박에는 걸리지 않는다. 이 부분은 병렬식 표현[39]을 위반했지만 표현을 압축하려니 어쩔 수 없는 것으로 이해한다. ③ '기망 기타'는 '기망과 기타'로 해석한다. ④ 앞의 '장기화 또는 기망'에서 '또는'은 하위에서의 병렬관계를, '인정될 때 또는 정식재판'에서의 '또는'은 차상위(次上位)에서의 병렬관계를 나타낸다. ⑤ '이를'은 단수지만 복수로 알아듣는다.

법률문장에서 개조식의 정신을 살리면 두괄식 문단이 되는데 이런 조항이 법률문장에 많다. 제12조 ①항이 그렇다. "모든 국민은 신체의 자유를 가진다. 누구든지 법률에 의하지 아니하고는 체포·구속·압수·수색 또는 심문을 받지 아니하며, 법률과 적법한 절차에 의하지 아니하고는 처벌·보안처분 또는 강제노역을 받지 아니한다."

그러나 법률문장이 서술식이어서 두괄식으로 되어 있지 않은 조항도 여전히 많다. 제12조 ⑦항의 서술식·미괄식 문장을 ①항처럼 개조식·두괄식 문단으로 고치면 훨씬 이해하기 쉽다.[40]

피고인의 자백이 다음과 같을 경우에 유죄의 증거로 삼거나 이를 이유로 처

---

[39] 단어를 나란히, 또는 문장을 나란히 두어 2개의 성격을 나타내는 표현법이다. 문장의 길이나 음율까지 되도록 같게 한다. 문장의 이해에 필수적이다. '언론·출판의 자유와 집회·결사의 자유'는 '언론'과 '출판'이 병렬관계이고 '언론·출판의 자유'와 '집회·결사의 자유'가 병렬관계이다.

[40] 『법률문장, 이렇게 쓰라』(문장연구사, 장하늘)은 법률문장을 쉽게 고쳐 쓰도록 안내하는 책이다.

벌할 수 없다.

가) 고문·폭행·협박·구속의 부당한 장기화, 또는 기망 기타의 방법에 의하여 자의로 진술된 것이 아니라고 인정될 때

나) 정식재판에 있어서 그에게 불리한 유일한 증거일 때

우리의 뇌가 논리를 전개하고 기억을 저장하는 방식대로 글을 쓰면 쉬운 글이다. 이를 거슬리니 어렵고 헷갈린다. 무엇이든 어렵게 배운 사람은 자신이 어렵게 쓴다. 후배에게 가르치기도 어렵게 한다. 이런 악순환이 계속되니 좀체 '쉬운 문장' 쓰기가 되지 않는다.

04 과정을 중시하는 글쓰기

앞에서 전투대형을 글의 구조에 비유했다. 전투대형이 전투의 전부가 아니다. 전투의 승패를 결정짓는 한 요소일 뿐이다. 마찬가지로 글의 구조도 글쓰기의 일부이다. 글쓰기는 이보다 많은 과정을 가지고 있다. 글쓰기(Writing)과정은 P-O-W-E-R, 즉 글쓰기준비(Pre-writing)-구조(Organization)-쓰기(Writing)-글 고치기(Editing)-다시 쓰기

(Re-writing)라는 과정을 거치는 작업이다.

  글쓰기 교육의 이론은 크게 두 가지로 나뉜다. 하나는 글쓰기의 궁극적인 목적이 어법에 맞는 올바른 문장, 독자에게 소통될 수 있는 결과물을 생산해 내는 것에 초점을 맞추는 것이다. 따라서 '글의 결과물을 중심으로 작문을 지도'하며 맞춤법·띄어쓰기와 문장구성의 원리 등을 강조하는 것이다. 우리가 학교에서 주로 받은 교육방법이다. 다른 하나는 글쓰기도 목표를 향해 나가는 문제해결과정에 초점을 맞추는 것이다. 따라서 '글의 과정을 중심으로 작문을 지도'하기 위해 전략[41]을 세워 주제선정-자료수집-초고-퇴고 등을 수행해 나가는 것이다. 요즈음 많이 강조되는 교육이다.

  미국은 글쓰기 교육을 결과위주에서 급격히 과정위주로 옮기고 있다. 그렇다고 글쓰기 과정만 중시한다는 뜻이 아니다. 워낙 그동안 결과위주의 글쓰기를 지도해 왔으니 이런 편식을 막겠다는 것으로 해석해야 한다. 미국의 글쓰기는 목표와 과정이 균형을 이루는 것이라고도 할 수 있다.

  우리나라도 글쓰기를 결과중심에서 과정을 중시하는 방향으로 옮겨가고 있다. 글쓰기 과정의 중요성을 피력하고 있는 글[42]을 한 편 소개한다.

---

[41] 글쓰기는 쓰기와 고치기가 여러 번 반복된다. 준비가 미숙할수록 시행착오가 많다. 이를 줄이기 위해 전략이 필요한 것이다.
[42] 원진숙(서울교육대학교) 교수의 글이다. 글쓰기과정을 보기 드물게 알기 쉽게 설명한 좋은 글이다.

과정중심 글쓰기 — 미숙한 필자와 원숙한 필자

1) 미숙한 필자의 쓰기과정

대개 글쓰기를 싫어하는 미숙한 필자들은 계획단계에 시간을 거의 들이지 않는다는 공통점이 있다. 글쓰기자료를 수집한다거나 글의 내용을 구상하여 개요를 작성하기보다는 막연하게 좋은 생각이 떠오르기만을 기다리면서 더 이상 글쓰기를 미룰 수 없는 그 시점까지 글쓰기를 위한 구체적인 노력을 하지 않는다.

일단 글을 쓰기 시작할 때도 글의 수사적 맥락을 전혀 고려하지 않는다. 이 글을 읽게 될 사람은 누구인지, 독자는 이 글에서 어떤 내용을 기대할 것인지, 이 글을 쓰는 목적과 목표는 무엇인지, 내가 이 글에서 정말 하고 싶은 말은 무엇인지 하는 수사적 문제를 고려하기보다는 막연한 생각의 단편만을 자기중심적으로 쏟아낼 뿐이다.

일단 글쓰기를 시작해야 하는 단계가 되면 첫 문장을 시작할 때 상당한 어려움을 겪는다. 시행착오 전략에 따라 첫 문장에 많은 시간을 소비하는가 하면, 단번에 완벽한 초고를 써야 한다는 강박증으로 어려움을 겪기도 한다. 또 자료수집이나 수집된 자료를 바탕으로 한 메모 없이 글을 써야 하기 때문에 순간순간 떠오르는 생각에만 의존해서 글을 쓸 수밖에 없다.

미숙한 필자들은 대개 글쓰기를 일련의 과정과 절차에 따라 수행하기보다는 글을 쓰는 데에 거의 시간을 들이지 않으면서 앉은 자리에서 떠오르는 생각을 중심으로 글을 완성해 버린다. 항상 시간에 쫓겨서 글쓰기를 시작하기 때문에 글을 꼼꼼히 고쳐 쓰는 경우가 거의 없으며 대개 초고가 그대로 제출

본이 된다.

2) 능숙한 필자의 쓰기 과정

글쓰기를 즐겨하는 능숙한 필자들은 '영감에 의존한다거나 처음부터 완벽한 초고를 쓰려고 하기'보다는 글쓰기 과정 자체를 일련의 목표지향적 활동으로 파악한다. 따라서 작업의 구상단계부터 자기 나름대로 목표의식을 가지고 글의 핵심적 주제를 설정하고 이를 중심으로 사고의 흐름을 전개해 나간다.

이들은 이렇게 일단 글쓰기의 주제와 방향이 잡히면 충분한 시간을 두고 일찌감치 글쓰기 과정에 착수하여 계획단계에 많은 시간과 공을 들인다. 주제와 관련된 충분한 자료를 전략적으로 찾아서 읽고 이를 바탕으로 틈틈이 메모를 하고 개요를 작성한다. 머릿속에 있는 막연한 사고를 자료를 찾아서 읽어 나가는 과정을 통해서 더욱 구체화하는 것이다.

능숙한 필자는 미숙한 필자와 달리 이 계획하기 단계에서 수사적 상황을 충분히 고려한다는 점에서도 차별성을 보인다. 과제를 부과한 담당교수의 의도는 무엇일까, 이 글을 읽게 될 독자가 기대하는 바는 뭘까, 이 글을 쓰는 목적과 목표는 무엇인가, 내가 정말 이 글에서 하고 싶은 말은 무엇인가 등을 중심으로 전략적인 사고를 하고 이를 바탕으로 글의 가닥을 잡아 나간다.

능숙한 필자들은 앉은자리에서 글을 완성해야 한다는 식의 완벽한 초고쓰기 전략에 의지하지 않는다. 첫 문장을 어떻게 써야 할까를 고심하기보다는 고쳐쓰기단계를 염두에 두고 글에서 해야 할 이야기들의 내용을 중심으로 일단 초고형태로 글을 쓴다. 미리 마련된 글의 개요와 메모에 의지해서 글을 쓰기 때문에 글이 좀처럼 원래 목표했던 중심생각에서 벗어나 엉뚱한 방향으로 나아가지 않는다.

능숙한 필자들은 계획단계 못지않게 고쳐쓰기단계에 많은 시간을 들인다. 띄어쓰기, 맞춤법 등의 기계적인 문제에서부터 시작해서 낱말을 적절하게 썼는지, 문장을 어법에 맞게 썼는지, 단락을 중심으로 사고를 제대로 전개해 나갔는지, 주제구성과 관련하여 글의 내용적 통일성을 충분히 확보하였는지를 종합적으로 검토하고 교정한다. 　　　　　원진숙 (서울교육대학교)

05 글의 논리

전쟁에서 승리하려면 필승전술이 필요한 것처럼 글은 설득력 있는 논리가 필수이다. 여기서 논리는 구체적으로 무엇을 뜻하는 것인가? 설득력은 어떤 것을 말하는가? 이 둘을 명쾌하게 설명해 주는 책이 있었으면 좋겠다는 생각에서 두루 찾아 다녔다.

논리책을 보기 시작했다. 그런데 문제는 논리책이 한결같이 어렵다는 것이다. 쉽게 설명할 길이 없어 보인다. 그러니 글쓰기책을 쓴 저자들이 한결같이 글쓰기 논리는 간단한 논리만을 언급하거나 그냥 두루뭉술하게 지나가는 모양이다.

그렇게 허무하게 물러서기에는 아쉬웠다. 그러다 글쓰기의 논리를, 그것도 사무적인 글쓰기 논리를 본격적으로 다룬 책을 발견하고 쾌재를 불렀다. 『논리적인 글쓰기 논리적인 생각하기』[43]이다. 제목부터 내가 찾던 것이 고스란히 들어 있다. 여러 MBA과정이 채택할 만큼 좋은 책이다. 이 책은 양이 다소 많고 서양식 설명이라 이해가 쉽지 않지만 이를 알기 쉽게 간단히 요약하면 다음과 같다.

바바라 민토의 『논리적인 글쓰기 논리적으로 생각하기』

논리는 읽는 사람이 쉽게 이해하도록 순서를 정하는 것이다. 이런 순서는 주제와 전체적인 흐름을 확실히 드러낸 후 세부사항을 배치함으로써 이루어진다. 이를 그림으로 표시하면 글의 구조가 피라미드가 된다.

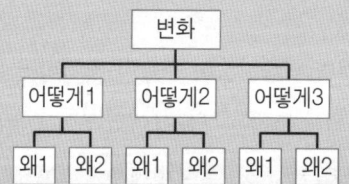

('왜'가 먼저 나오고 '어떻게'가 뒤에 나올 수도 있다.)

왜 피라미드인가? 사람이 한 번에 기억할 수 있는 항목이 7개이다.

---

43 『논리적으로 글쓰기 논리적으로 생각하기』(더난, 바바라 민토, 민혜진 역)는 1996년에 발행되었으나 절판되고 2004년에 『논리의 기술』로 다시 발행되었다.

이것 이상이 되면 우리의 뇌는 같은 것끼리 묶어 그룹을 만들고, 그룹과 그룹을 연결시키는 연상고리를 만든다. 연상은 큰 것부터 가지를 쳐서 내려가는 것이 잘 된다.

연상고리에는 수직과 수평이 있다. 수직관계는 질문과 답의 관계이다. 질문은 'How?'와 'Why?'이다. 즉 '어떻게?'와 '왜?'이다. 답의 근거로는 방법이나 이유를 설명하는 것이다. 수평은 방법이나 이유가 납득이 가도록 귀납적으로 증명하거나, 연역적으로 삼단논법적인 증명을 하여야 한다.

귀납은 여러 개념을 추리하여 하나의 일반화된 개념을 찾아내거나 여러 개념의 공통점을 대변하는 하나의 상위개념을 찾아내는 것이다. 연역은 삼단논법으로, 알고 있는 지식에서 새로운 지식을 이끌어낸다.

논리가 완벽해도 이를 뒷받침하는 근거, 즉 방법이나 이유를 구체적으로 증명하지 않으면 설득력이 없다. 구체적인 증명은 문제를 철저히 분석해야 나오는데, 문제분석에는 논리나무(Logic-tree)를 활용한다.

역시 컨설팅회사에서 사용하는 논리가 실용적이다. 내친 김에 맥킨지(사)가 채택하고 있는 '로지컬 씽킹(*Logical Thinking*)'[44]도 읽었다. 미국회사의 논리를 일본사람이 해석하고 일본에서 발간한 책이다. 이 책도 이해하기 어려운 것이 단점이지만 행간을 음미하는 다소 힘겨운 공

---

[44] 『로지컬 씽킹』, 테루야 하나코외, 김영철 역, 일빛.

부를 거치면 논리전개에 필요한 핵심을 건질 수 있다. 이 책도 간단히 요약하면 다음과 같다.

맥킨지의 『Logical Thinking』

컨설팅은 고객의 문제에 해답을 제시하는 것이고 해답은 결론이 된다. 결론은 논리의 귀결이다(즉, 4는 2-2-2의 귀결이다). 종종 자신이 원하는 결론을 내놓는데 이렇게 하면 안 된다.

설득력을 갖기 위해서는 결론을 뒷받침하는 충분한 근거가 있어야 하고 이 근거를 증명해야 한다. 이를 위해 수직적 논리전개와 수평적 논리전개가 필요하다. 수직적으로는 논리에 비약이 있으면 안 된다. 비약을 막는 방법은 "Why so / So what"이라는 질문이 나오지 않게 하는 것이다. 우리말로 하면 "왜 그런데 / 그래서 어떻다는 거냐"라는 질문이 나오지 않게 하라는 것이다. 상위요소가 충분하지 않으면 하위요소에서 '왜 그런데' 하고 질문이 나오고 하위요소가 충분하지 않으면 상위요소에서 "그래서 어떻다는 거냐" 하고 질문이 나온다.

수평적으로는 논리에 명백한 중복, 누락 및 착오가 있으면 안 된다. 이를 효과적으로 막는 방법은 MECE(Mutually Exclusive and Collectively Exhaustive)이다. 즉, '상호 중복 없이, 그럼에도 전체 누락 없이'이다. 중복과 누락을 완벽하게 없애는 방법은 무식하게 '남과 여'로 분류하거나 지역별로 분류하는 것이다. 그러나 이러한 방법은 별로 의미가 없

기에 효과적인 MECE법을 동원한다. 즉,

　비용: 효과 (손실: 이득)
　강점: 약점 (기회: 위협, 내부역량: 외부환경)
　단기: 중기: 장기 (과거: 현재: 미래)
　마케팅의 4P (Product: Price: Place: Promotion)
　경쟁력 분석의 SWOT (Strength, Weakness, Opportunity, Threat)

수평논리는 MECE가 주류를 이룬다. MECE는 요소가 서로 동격인 병렬형, 즉 귀납법인데 이와는 다른 해설형도 있다. 해설형은 삼단논법으로 '사실'-'판단기준'-'판정'이다.

논리가 수직이든 수평이든 제시하는 근거가 모호하지 않아야 한다. 근거가 가정에 기반을 둔다면 그 진실성이 의심받는다. 또 추진방법이 구체적이 아닌 경우에는 설득력을 잃는다. "우리의 강점을 강화하고 약점을 보강하는 차별화를 통해 경쟁력을 획기적으로 강화한다"라는 추진방법은 하나마나한 소리이다.

수직적인 논리전개와 수평적인 논리전개에서 두 책의 내용이 다소 다르다. 본질적으로는 같은 내용인데 표현의 차이가 있을 뿐이다. 이 둘을 합쳐 다음과 같이 이해해 두면 된다.

설득력 있는 논리

- 결론에 이르는 과정에 납득할 만한 근거가 있어야 하고 이 근거를 증명해야 한다.
- 수직적으로는 '어떻게?'와 '왜?'에 대해 구체적 자료/의견이나 사실/사례를 제시하는 것이다.
- 수평적으로는 귀납적인 MECE를 활용하여 '중복과 누락'을 없앤다.
- 때로는 삼단논법인 '사실-기준-판정'을 적용한다.
- 제시되는 근거와 증명은 구체적이어야 한다.

이를 조직도로 표시하면 다음과 같다. 대표적인 것만 추려 보았다. 다양한 형태이다.

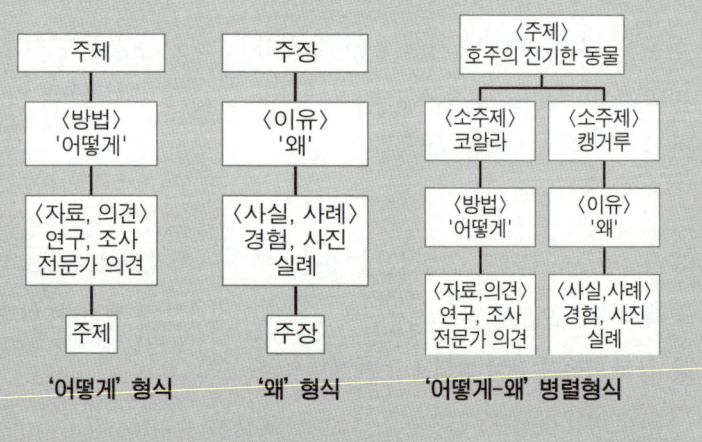

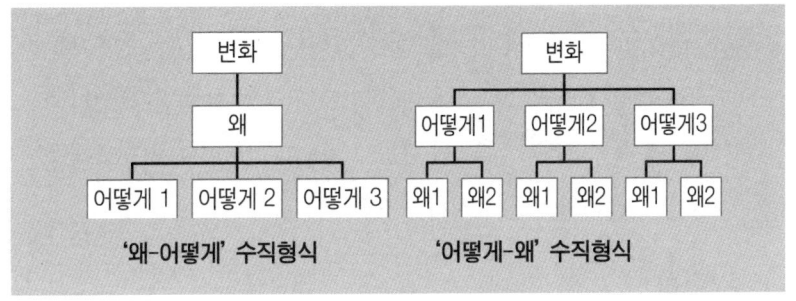

'왜-어떻게' 수직형식   '어떻게-왜' 수직형식

글의 논리를 표준화하는 것은 무리가 있다. 최대한 정형화하려고 몸부림치는 것이다. 이와 같은 점을 염두에 두면 바바라와 맥킨지가 서로 다른 것이 당연한 것이다. 저자는 이를 통합해서 '설득력 있는 논리'를 앞에서 하나로 만들어 제시하였다. 통합한 과정은 다음과 같다. 읽어보면 논리를 좀 더 자세히 아는 데 도움이 된다.

바바라와 맥킨지의 논리통합

수직논리

맥킨지는 'Why so'와 'So what'이다. 'Why so'와 'So what'은 동일한 내용을 하위에서 보는 관점과 상위에서 보는 관점에서 표현하였기 때문에 결국은 'Why?'라고 할 수 있다. 한편, 바바라는 'How'와 'Why'이다. 따라서 맥킨지는 바바라에 비하여 외형적으로 'How'가 빠져 있다.

그러나 두 책을 자세히 들여다보면 본질적으로는 내용이 같고, 표현의 다양성에서 차이가 있음을 알 수 있다. 바바라는 설득의 근거를 'How'에 대한 '방법'과 'Why'에 대한 '이유'를 들었다. 한편, 맥킨지는 설득의 근거를 '이유'로 하고 이 근거에 행동이 따르면 이를 뒷받침할 구체적인 'How'(방법)을 제시하도록 하였다.

수평논리
바바라의 수평논리는 귀납적으로 형성하든지, 아니면 연역적(삼단논법)으로 형성하도록 하고 있다. 한편 맥킨지는 병렬형인 MECE가 대종을 이루나 해설형인 '사실'-'판단기준'-'판정'도 쓰인다. 바바라의 귀납법이 맥킨지의 MECE이고, 바바라의 연역법(삼단논법)은 맥킨지의 해설법이다.

이렇게 정리하고 보면 논리는 결코 어려운 것이 아니다. 그런데 마음에 걸리는 것이 있다. 논리의 오류이다. 이걸 공부해야 하나, 말아야 하나. 나의 권고는 논리에는 깊이 빠지지 않는 것이 좋다는 것이다. 학문적인 논리는 할수록 어렵다.

　글을 읽을 때, 그냥 상식적으로 맞다고 생각이 드는 것은 맞는 것이라고 해석해도 거의 틀림이 없다. 우리가 일상생활에서 판단하는 것은 대부분 과거에 입증된 것이기에 논리적으로 따져보지 않아도 된다. 그럴듯한 논리에 금방 수긍하더라도 시간이 조금 지나면 잘못된 것을 우리는 금방 찾아낸다. 언어논리가 부족하다고 이공계가 주눅들 필요가 없다. 이공계는 논리 자체에 원래 강하다. 수학이 논리이고, 기술이 논리이고, 프로그램이 논리이다. 따라서 실용적인 글을 읽기 위해서는 논리에 특별히 신경 쓰지 않아도 된다.

다만 논리가 문제되는 것은 글을 쓸 때인데, 이것도 나는 글의 구조도만 있으면 충분하다고 판단한다. 그림으로 된 글의 구조도(이 책 43, 44쪽에 있는 글의 구조도)가 곧 글의 논리이기 때문이다.

한국의 직장인은 글쓰기가 두렵다

[넷째장]

문장공학

▸ 우리글의 기본문형
▸ 왜 문장공학인가
▸ 문장공학은 사무적인 글에 필수
▸ '쉬운한글법'의 제정

 Hi, Five!

01 우리글의 기본문형

우리글은 주어를 생략할 수가 있어 의사전달을 간략히 할 수 있는 이점이 있다. 주어가 없어도 읽는사람은 앞뒤 문맥을 보면 글을 이해할 수있다. 그러나 복잡하거나 어려운 사안은 주어가 없으면 주체와 객체가 구분되지 않는다. 그 사안을 잘 아는 사람은 핵심 단어만 읽어도 이해하지만 그 사안을 처음 접하는 사람은 이해하는 데 많은 어려움을 겪는다.

 그래서 나는 문장에 주어를 반드시 넣기를 권한다. 문학적인 글은 주어가 반복해서 나오면 읽기에 껄끄럽겠지만 실용적인 글은 유리한 점이 한둘이 아니다. 글을 쓸 때 주어만 제대로 찾아 써도 글쓰기 문제의 대부분을 해결할 수 있다고 저자는 생각한다. 그렇기 때문에 나는 학생이나 직장인에게 문장에 주어를 찾아 넣는 연습을 시킨다.

먼저 다음과 같이 간단한 문장 6개를 주고 주어와 서술어가 호응하는 맞는 문장인지 틀린 문장인지를 테스트한다. 여러분도 같이 해보기 바란다.

우리문장 실력 테스트

예제1: 토끼는 꼬리가 짧다.
예제2: 원자력은 지구온난화의 원인이 되는 탄산가스의 배출이 없다.
예제3: 나는 그가 좋다.
예제4: 나는 영화가 보고 싶다.
예제5: 한국은 울산이 살기가 제일 좋다.
예제6: 나는 기술은 가지고 있다.

몇 개가 맞는가? 답은 전부 맞다. 한 개 맞추었다고 자탄할 필요는 없다. 우리나라 대학생과 직장인의 평균 실력은 하나 이하이다.

문장에 주어를 넣는 연습은 주어와 서술어를 호응시키는 것인데 대학생과 직장인이 몰라도 너무 모른다. 영어는 문장에 5형식이 있다는 것을 알면서 한글에는 문장에 몇 형식이 있는지 모른다. 학교에서 무엇을 가르치고 학생이 무엇을 배웠는지 신기할 따름이다.

우리글은 3형식이 있다. 3분이면 배울 수 있다. 다음은 우리글의 기본문형이다.

우리글의 기본문형

1형식: 나는 학생이다.
  바람이 분다.
  하늘은 푸르다. (주어+서술어)
2형식: 나는 운동을 좋아한다. (주어+목적어+서술어)
3형식: 나는 어른이 된다.
  나는 선생님이 보고 싶다.
  그는 철수를 양자로 삼았다. (주어+보어+서술어)

1, 2형식은 우리가 익히 아는 것인데 문제는 3형식이다. '어른이', '선생님이'는 외형상으로는 주어로 보이나 실제는 보어이다. 주어를 보완해 주는 주격보어이다. '양자로'는 '철수'라는 목적어를 보완해 주는 목적격보어이다.

복잡한 문장은 기본문장을 확장한 것이다. 홑문장 안에서 확장하는 예문이다.
  (1) 야! 나는 학생이다. (독립어)
  (2) 튼튼한 나는 유별나게 힘든 운동을 한다. (관형어)
  (3) 나는 선생님이 무척 보고 싶다. (부사어)

겹문장으로 확장하는 예문이다.

> (1) 봄이 가고 여름이 온다. (대등적으로 이어진 문장)
>
> (2) 여름이 오니 녹음이 우거진다. (종속적으로 이어진 문장)
>
> (3) <u>이 책이 재미있음</u>이 분명하다. (명사절, 주어절로 안긴 문장)
>
> (4) 나는 <u>이 책이 재미있음</u>을 알았다. (명사절, 목적어절로 안긴 문장)
>
> (5) <u>이 책이 재미있다는</u> 소식을 나는 들었다. (관형절로 안긴 문장)
>
> (6) 나는 <u>이 책이 재미있다고</u> 생각한다. (인용절로 안긴 문장)
>
> (7) 이 책은 <u>재미가 있다</u>. (서술절로 안긴 문장)
>
> (8) 나는 이 책을 <u>재미있게</u> 읽었다. (부사절로 안긴 문장)
>
> '이 책은 재미가 있다'에서 '재미'는 명사절, 서술절에서 주어이다. 학자에 따라서는 보다 간편하게 이중주어문으로 해석한다. 즉, 문장은 주어가 두 개 있을 수 있다고 생각하는 것이다. 이들은 보어도 이중주어문으로 해석한다. '이것은 장난이 아니다', '그는 배가 아프다'에서 '장난이'와 '배가'를 또 다른 주어로 본다.

다시 앞의 '우리문장 실력테스트'로 돌아가자. 이제 이들이 왜 맞는지 알 수 있을 것이다. 예제 1과 예제 2는 서술절로 안긴 문장이다. 예제 3과 예제 4의 '그가'와 '영어가'는 보어이거나 2중주어이다. 예제 5는 3중주어문이다. 2중주어가 있으면 3중주어도 있다. 예제 6에서 '기술은'은 토씨가 '은'이라 외형상으로 주어로 보이나 '은'은 비교격조사로 주어와 목적어를 비교할 때 쓴다. "그는 돈이 많다"와 "그는 돈은 많다"의 차이이다. 두 번째 것은 비교격으로 '그는 돈은 많은데 다른 것은 많지 않다'는 뜻을 포함하고 있다.

우리 문법은 이렇게 간단하다. 제대로 이해했는지 점검해 보기로 한다. "철수만이 바보가 아니다"라고 하면 무슨 뜻이며 어떤 문형일까.

　헷갈린다. 두 가지로 해석된다.

(1) 철수 혼자 바보가 아니고 다른 애들이 바보라는 뜻이다.
(2) 철수뿐만 아니고 모두 바보라는 뜻이다.

　두 가지 모두 맞는 해석이다. 구조적으로 이 문장은 이중으로 해석이 되게 되어 있다. (1)은 "바보가 아니다"를 명사절로 보는 경우이다. (2)는 '바보가'를 보어로 보는 경우이다. 이중주어를 주장하는 학자는 문법을 간단하게 하는 장점은 있으나 이러한 예문에 부딪치면 답변할 수 없는 한계가 있다.

02 왜 문장공학인가

나는 글의 생산성에 관심을 가지고 우리글을 관찰해 왔다. 우리가 일상에서 쓰는 글에 문장마다 주어만 찾아 넣어도 그 효과는 놀랍다. 이게 바로 공학적인 접근이다. 글도 공학과 만나면 쓰기 쉽고, 읽기 쉽고, 자동화까지 된다.

물론, 말과 글은 공학이 아니다. 프로그램은 논리가 하나라도 틀리면 작동하지 않지만 언어는 그렇지 않다. "문 닫고 들어오라"는 말은 논리적인 모순을 가지고 있지만 우리는 아무런 어려움이 없이 이해한다. 따라서 글에 공학을 적용하는 것은 무리가 있다.

그렇다고 한글을 이대로 팽개쳐 두기에는 문제가 심각하다. 첫째는 한글은 글자 하나하나가 과학인데 문장은 지극히 비과학적이다. 둘째는 정보화시대에 정보를 정확하고 빠르게 전달하는 데 지장을 주고 있다. 셋째는 한글을 외국어로 자동번역하는 데 효율이 매우 낮다.

훈민정음은 과학적인 문자이다. 정보화시대에 더욱 빛을 발하고 있다. 나는 컴퓨터의 자판을 두드리면서 자음과 모음의 리듬에 감탄한다. 일본과 중국의 자판을 한번 보라. 우리가 얼마나 세종대왕에게 감사해야 하는지 모른다.

그런데 우리글이 문장으로 넘어가면 한꺼번에 한글문자의 장점을 까먹어 버린다. 문장에 주어가 없어도 된다. 또 문장에서 중요한 정보를 담는 서술어가 제일 뒤에 나온다. 주어와 서술어가 제 몫을 못하니 목적어가 혼자서 힘겹게 문장을 끌어간다. 그러니 일상생활에 관련된 것이나 쉬운 내용은 아무 어려움 없이 지나가지만 문제가 조금만 복잡해지거나 논리가 정교해지면 읽는 사람은 내용파악에 어려움을 겪는다. 이런 의미로 볼 때 영어는 주어와 목적어가 초장에 튀어나와 의사소통에 아주 강한 언어이다.

정보화시대에는 속도가 생명이다. 기업과 개인은 날로 속도와의 전쟁이다. 속도에 적응하지 않으면 금방 낙오한다. 그런데 서양의 문장은 두괄식이고 연역식(삼단논법)이라서 속도에 맞는 형식인데, 동양의 전통적인 문장은 미괄식이고 귀납적이라 중요한 정보가 제일 뒤에 나온다. 이런 미괄식은 문학적인 글에 맞는 것이어서 정보시대에는 불리하다. 정보의 양이 급속히 늘어나면서 사람들은 제목만 읽는다. 예전처럼 양이 많거나 읽기 어려운 글은 눈길도 안 준다.

따라서 글을 쓰는 사람은 더욱더 '핵심 내용을, 상대가 알아보기 쉽게, 간결하게'[45] 써야 한다. 이제는 이러한 글쓰기기법이 선택이 아니고 필수이다. 시간이 그렇게 많지 않다. 앞으로는 지금 하고 있는 의사소통조차도 고전적이 되어 우리는 더욱 빠른 의사소통기술을 강요받게 될 것이다.

사무적인 글은 생산성이 최우선이다. 인터넷에서는 영어가 금방 국어로 기계번역되어 나온다. 영어가 자동번역되는 비율이 60~65%이다. 그런데 거꾸로 한글의 영어번역은 되지 않는다. 워낙 성공률이 낮

---

[45] 기술글쓰기(technical writing)의 원리이다. 『한국의 이공계는 글쓰기가 두렵다』(마이넌, 임재춘)를 참고하기 바란다.

기 때문이다.

  세종대왕이 이러한 사실을 알면 얼마나 안타까워할까? 한글이 영어로 자동번역되어 세계인들이 우리나라 홈페이지에 있는 내용을 아쉬운 대로 알아볼 수 있다면 우리의 문화를 일일이 영어로 번역하지 않아도 관심을 가진 외국인이 내용을 파악할 수가 있다. 이 얼마나 신나는 일인가. 이것이 바로 우리글의 세계화이다.

  세계 일등만 살아남는 치열한 경쟁에서 언어는 중요한 경쟁요소이다. 우리글이 세계 최고의 효율을 갖게 하기 위해서는 우리가 글을 쓸 때 글의 구조, 문단구조, 문장구조를 표준화하여 이에 맞추어 기계적으로 글을 써야 한다. 이렇게 하면 정보전달이 빠르고 언어조차 자동화가 이루어진다. 이것이 문장공학이다.

03 문장공학은 사무적인 글에 필수

글은 정신의 산물이다. 이를 기계적인 틀에 넣는 것에 비판이 있을 수 있다. 이에 저자는, 글도 여러 종류가 있기 때문에 각각의 종류에 맞추어 최적의 방법을 강구해야 한다고 본다.

  글에는 많은 종류가 있다. 소설, 희곡, 시와 같은 문학적인 글이 있는가 하면 공문서, 보고서, 제안서, 안내서, 서신, 논문, 제품설명서, 투자

유치서와 같은 실용문이 있고 논설문, 논술문, 수필과 같이 두 가지 영역을 함께 가지고 있는 것도 있다.

문학적인 글 = Impress

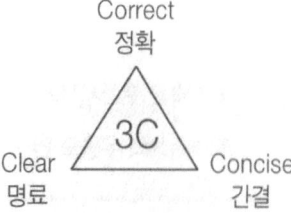

실용적인 글 = Express

미국의 실용적인 글, Express와 3C

문학적인 글은 감동이나 재미를 주기 위한 글이다. 미국에서는 이를 'Impress'를 목적으로 하는 글이라고 한다. 한편 실용문은 의미를 정확, 명료, 간결하게 전달하기 위하여 쓰는 글이다. 미국에서는 이를 'Express'라고 하는데 3C(Correct, Clear, Concise)로 대변한다.

우리는 이제까지 글을 쓸 때 글은 아름다워야 하고 읽는 사람의 마음을 움직일 수 있어야 한다고 생각하였다. 즉, 글은 재미가 있어야 한다는 고정관념이 있었다. 이런 문학적인 글은 기-승-전-결로 이루어지기에 결론이 제일 나중에 나온다. 탐정소설이나 추리소설을 보면 마지막 순간까지 결론을 알지 못해 매우 흥미진진하다. 그러나 직장에서 쓰는 글은 달라야 한다. 회사에서 사장에게 보고를 하면서 중요한 결론을 끝까지 숨기다가 마지막 순간에 "쨘! 재미있지요. 놀랐지요." 했다가는 목이 몇 개 있어도 남아나지 못한다.

직장이나 학교에서 쓰는 실용적인 글은 결론부터 먼저 나와야 하는데, 현실에서는 그게 아니다. 다음 논문의 제목을 보라.

> 부산 민락동 수산시장에서 구입한 붕장어의 고래회충 유충 감염 상황
> 인제 의대생의 우울도 연구

논문을 끝까지 읽어 보지 않으면 그 내용을 알 수 없다. 호기심 유발 제목이다. 이런 현상은 기업에서도 그대로 나타난다. 중소기업이 아니

다. 국책은행과 정부투자기관의 보고서도 형편은 똑같다.

위의 제목을 아래와 같이 고치면 제목만 보고도 누구나 내용의 핵심을 알 수 있다.

신선도 낮은 붕장어(아나고)회 위험 - 고래회충이 내장에서 살로 이동

인제 의대생 우울도는 일반 학생과 비슷

실용적인 글에서 왜 이런 현상이 예외 없이 일어나는가? 우리가 학교에서 실용적인 글을 제대로 배우지 못했기 때문이다. 중·고등학교 국어 교과서의 대부분이 문학적인 글쓰기이다. 실용적인 글을 쓰기 위해 정보는 중요한 것부터, 표현은 '정확·명료·간결'하게 하라는 교육이 없었다. 대학도 마찬가지이다. 이공계 대학생도 1년 동안 교양강좌 형식으로 두꺼운 '문학적'인 글쓰기 책을 끼고 다닌다.

실용적인 글쓰기는 문학적인 글쓰기와 구분하여 학교에서 가르쳐야 한다. 실용적인 글은 '효과적인 의사소통'에 목표를 두고 가르쳐야 한다. 그런데 문제는 무슨 내용을 누가 가르치느냐 하는 것이다. 쉬운 일이 아니기에 단계가 있다. 제일 먼저 할 일이 '쉬운 한글'이라는 법령의 제정이다.

04 '쉬운 한글법'의 제정

미국의 사회과학자들은 글을 쓸 때, 되도록 어렵게 써 권위를 세웠다.[46] 거기에다 단어의 뜻을 모호하게 중의적으로 하고, 분량도 두껍게 해서 상대를 헷갈리게 했다. 자기가 남을 골탕먹이는 것은 기분이 좋은데 남의 글을 읽자니 죽을 맛이었다. 더 이상 이러지 말자는 분위기가 일어났다. 어려운 언어는 국력의 낭비임을 자각하였다.

그런 분위기에서 나온 것이 1978년의 '쉬운 영어법(Plain English Act)'[47]이다. '연방직원은 모든 규약을, 그에 관여하는 이가 이해하도록 쉬운 영어로 쓸 것을 유념할 것'으로 규정했다. 어려운 법률이나 행정 문서로 국민을 혼란하게 하는 것은 죄를 짓는 일이 되었다. 이제는 관공서뿐만 아니라 모든 기업이, 학교가 쉬운 영어를 사용하고 있다.

일본도 '쉬운 일본어법(Plain Japanese Act)'을 준비 중이다. 기업은 정부에 앞서 스스로 '쉬운 일본어' 과정을 만들어 교육하고, 제품의 사용설명서를 어떻게 하면 사용자가 쉽게 이해할 수 있을까 하고 2만 명 이상의 Technical Writer(기술문장사)가 고민하고 있다.[48]

우리도 '쉬운 한글법'을 제정해야 한다.[49] 여기에 포함되는 내용은 다

---

46 『사회과학자의 글쓰기』, 하워드 베커, 이성용·이철우 역.
47 대통령령 12044호(1978. 3. 23).
48 장재성의 글(『한글학회지』 2004.12호)에서 미국과 일본의 내용을 발췌.

음과 같은 것이 되어야 할 것이다.

'쉬운 한글법'을 제정하자

기본정신은
1) 정확하고, 쉽고, 간결하게
2) 효과적인 의사전달

이를 좀 더 구체적으로 나열하면
1) 단어는 정확한 뜻을 표현
2) 문장은 주어, 목적어, 서술어를 넣어 짧게
3) 문단은 덩이지기를 해서 표준화
4) 정보는 중요한 것부터 나열
5) 표기도 활용[50]

---

49 장재성의 주장(『한글학회지』 2004.12호)이다. 장재성은 문장공학에 평생을 바치고 있다. 매년 서너 차례 일본을 오가며 일본문장을 속속들이 연구하고 있다. 제대로 된 우리문장을 보급하기 위해 출판사(문장연구사)를 차려 10여 권의 책을 발간하였으나 남은 것은 빚과 나날이 늙어 가는 모습이다. 쉬운 한글법이 제정되어 장선생의 평생 꿈이 이루어지기를 기원한다.

50 정보시대라 많은 정보를 빠르고 정확하게 처리해야 하기에 표기의 중요성은 더욱 크다. 마침표, 쉼표의 정확한 사용이 중요하다. 여기에 더하여 ^.^, π.π와 같은 이모티콘도 표기의 일환으로 인정할 때가 되었다. 간결하고, 정확하고, 일시에 많은 정보를 전한다.

쉬운 한글의 제정과 보급을 위해
1) '문장공학소'를 설립
2) 자동번역률이 향상되는 문장구조 정립
3) 국민에게 보급